SP 460
D0743467

Hablemos de cómo hablamos

Curiosidades sobre la lengua y sus hablantes

Colección Algarabía

Hablemos de cómo hablamos

Curiosidades sobre la lengua y sus hablantes

Hablemos de cómo hablamos. Curiosidades sobre la lengua y sus hablantes, 2011
Directora de la colección: María del Pilar Montes de Oca Sicilia
Arte editorial: Victoria García Jolly
Cuidado editorial: Josué Vega López

D. R. © Editorial Lectorum, S. A. de C. V.
Centeno 79-A
Col. Granjas Esmeralda
C. P. 09810, México, D. F.
Tel. 55 81 32 02
www.lectorum.com.mx

Bajo acuerdo con:

© Editorial Otras Inquisiciones, S. A. de C. V.
Pitágoras 736, 1er. piso
Col. Del Valle
C. P. 03100, México, D. F.
Tel. 54 48 04 30
www.editorialotrasinquisiciones.com

Primera edición: febrero de 2011

ISBN: 978-607-457-157-8
Editorial Lectorum, S. A. de C. V.

D. R. © Diseño de portada: Francisco Masse y Nayeli Alejandra Espinosa

Impreso y encuadernado en México.
Printed and bound in Mexico.

Presentación

Hablemos de cómo hablamos

Curiosidades sobre la lengua y sus hablantes

Hablemos de cómo hablamos. Hablemos de la lengua y sus sortilegios, de sus curiosidades, de lo sorpresiva que resulta a veces; hablemos de sus cualidades y de sus limitaciones, de sus historias, de sus formas y de sus vericuetos. Hablemos, hablemos, que para eso estamos.

Hablemos con palabras de palabras, de todo lo que ellas son, de todo lo que representan; hablemos de todo lo que nos dan y también de lo que nos quitan; de lo que reflejan o representan, pero también de cómo nos limitan y delimitan. Hablemos de ideas y de idiomas, de dialectos, de idiolectos, de formas de entender el mundo, de códigos, de signos y de lenguajes. Hablemos de muchas cosas más, siempre y cuando podamos hablar y hablar.

Hablemos de las vías en que la lengua cambia, en el tiempo y en el espacio. Hablemos de sus características, de lo que la hace única, de todo lo que puede expresar y de todo lo que no, de por qué es fácil mentir con ella. Hablemos de lo que la lengua no dice, de lo que oculta, de lo prohibido, de lo que por ser tabú no se habla. Hablemos de lo que no está en el diccionario, de lo que entendemos y no entendemos cuando leemos de acuerdo con nuestro conocimiento del mundo —que no de la ciencia—, y hablemos también de esas palabras que nunca usamos, aun cuando estén consignadas en el mismo.

Hablemos de los tautónimos —del chipi chipi en Bora Bora lleno de moscas Tse Tse—. Pero hablemos además de letras y números, de lo que las letras nos dicen de ellos y de lo que los números representan en la lengua. Hablemos de hipocorísticos —o sea, de nombres de cariño— y de cómo los usamos y, más aún, de por qué los usamos.

Hablemos de los «gases del oficio» y otras «frijolidades de la vida» o equivocaciones de la etimología popular. Hablemos de términos de léxico, de *slang*, de jergas, de formas crípticas que no todos entendemos, como la de los ganaderos y la de los barcos.

Hablemos, además, en otras lenguas, hablemos en inglés, hablemos en español, hablemos en mexicano; mejor todavía, hablemos en regiomontano, hablemos en tabasqueño e incluso hablemos como hablan los que fundaron la Rial Academia de la región frailescana de Chiapas.

Hablemos de los nahuatlismos del español o de por qué los mexicanos hablamos así, de todas las diversas opciones de la partícula *gua*, de *guacamole*, *guácala* y *Guamúchil*, y del verdadero nombre de las lenguas indígenas de nuestro país. Hablemos del lenguaje silbado de Oaxaca, de una lengua portátil que es el yiddish y hablemos inclusive, de las malas traducciones, de esos malos hábitos del hablar, como hablarle de tú a todos sin ton ni son y, por último, hablemos del Santo Fantasma.

Sentémonos pues a leer para sumergirnos en todas las formas en las que hablamos ayer, mañana y hoy. Y después de eso, sigamos hablando.

María del Pilar Montes de Oca Sicilia

Prólogo

Previo a abrir un libro ya contamos con algunas expectativas sobre su lectura; ya creemos tener algo de él. Siempre hay algo esperado, algo que sabemos que va a aparecer en alguna línea, en algún renglón. Incluso sabemos que de seguro habrá algo que no merecerá ni siquiera que lo recordemos. Si el libro es de adivinación, esperamos que su lectura nos aporte algo de ese don —si es que es un don—. Si es sobre historia, además de saber algo nuevo, esperamos que no se aparte mucho de las historias que ya conocemos. El saber no es lo único que nos mueve a leer u ojear un libro. No. También es el placer, el morbo o el simple gozo de evocar, de comprender o de imaginar.

Esas expectativas pueden determinar que la lectura sea exitosa o no, pero cuando el libro habla porque asumimos que lo hace de sí mismo o del habla misma, nuestras expectativas caen en un verdadero predicamento. ¿Qué esperar? ¿Qué esperamos de un texto que advierte que nos dirá algo sobre nuestra manera de hablar... haciéndolo con «nuestra manera de hablar»? ¿Qué esperamos de un texto que habla de algo que creemos que es tan nuestro, tan íntimo pero que al paso de su lectura descubrimos que en realidad, como dice la canción, es de todos y de nadie?

No lo sé. Sé, eso sí, que es sorprendente descubrir que tales expectativas se quedan en uno o dos de los «más allá» con este tipo de textos. Sé, me consta, que abrir el libro y saber, por ejemplo, que existen adoradoras de tautónimos puede desencadenar un buen número de ideas y reacciones, desde tener un pequeño ataque de risa hasta darnos cuscús. ¿Qué nos imaginamos?

Y en esa «búsqueda - espera» que se materializa al hojear u ojear el libro —que para el caso parece ser lo mismo— podemos descubrir el fascinante mundo de las mismicidades —con lo ambiguo que siempre será determinar qué es lo mismo o el contradictorio cosmos de las diferencias—. Ahí, otro gallo canta. Todo idioma es diferencias y, a la vez, semejanzas. Pero ni todas las semejanzas son tan iguales ni todas las diferencias tan distintas. Se pueden relacionar fácilmente las chelas con los cholos, pero descubrir lo común que tienen el Alfonso, el José María y la Ascensión, no es tan evidente. Claro que si asumen sus identidades de Poncho, Chema y Chonita, la cosa cambia. Igual parece suceder cuando nuestra querida guantanamera —la de la canción o cualquier otra— tiene un destino fatalmente atado con el guacamole y el guarache, a pesar de tener todos los momios en contra.

Es cierto, el libro puede ser decepcionante, muy decepcionante. Quizás el saber que ni Mister Ed ni Bugs Bunny ni ningún otro animal —real o imaginario— en realidad hablan, puede entristecer al que sea. Porque de hacerlo tendrían que ser llana y silvestremente humanos. Porque para hablar se necesita, además «de una poca de gracia y de otra cosita», muchísimas cosas más. Y para colmo, la propia animalidad no depende únicamente de la biología, sino también de la lengua misma: le da identidad de ovejas a las ovejas y de borregos a los borregos. Identidad que tiene que ver con «estados civiles», edades o con grados de caprinidad, igual quizás a lo que le sucede al *pollito* —el que se compra como mascota— y al *pollito* —que se compra asado y se come con papas—: tan iguales y tan diferentes.

Leer un texto que habla sobre nuestro hablar nos puede llevar a perder la ilusión y el orgullo de la llamada riqueza lingüística porque parte de esa supuesta opulencia es un montón de léxico inútil, inservible e irrecordable. Más riqueza —y, en especial, ricura— tienen los vocabularios no inventariados en los diccionarios —como el de la lengua frailescana— o las estrategias creativas que uno emplea en los hipocorísticos. En esos llamémosles «depósitos verbales», podemos ver palabras pequeñas, palabras medianas y palabras plurales. Palabras chilangas y palabras norteñas, pecadoras y transgresoras, suaves o apestosas. Hasta podríamos aceptar que Válemberg es una autoridad en valores efímeros. Enterarnos de que las matemáticas —sean resultado de una invención o de varios descubrimientos— están empapadas de lengua puede provocar cualquier «frijolidad» a cualquier amigo frijolero.

Un libro que habla de nuestro hablar nos narra parte de nuestras historias —cada palabra, según dicen, tiene su propia historia—. Historias que, en ocasiones, son motivo de desavenencias: para unos, *tocayo* es de origen latino, para otros, de origen náhuatl. Así, podemos pretender entender historias —en especial al sacar tomografías etimológicas a algunas palabras— y explicar silencios —porque no es lo mismo una palabra callada que no fue dicha porque está prohibida, que una callada que, por tímida, no tiene dicha—. Vemos en su devenir a las palabras con letras conocidas y con letras extrañas. Las vemos en pedazos y las vemos completas. Algunas disfrazadas de otras —creo que Eufemio tiene algo que ver— y otras simplemente las oímos porque más que pronunciarse se silban y, ¿son palabras?

Leer este libro que habla de cómo hablamos hace que principio y final se unan, que la sorpresa acompañe a la duda o que la risa aparezca porque no en cualquier lado se resbala una pendejada.

Leer este libro representa una negociación entre la comprensión del lector y la intención de varios escritores. Una negociación que se mueve entre cada letra, entre cada palabra y cada oración, pero cuya comprensión no está determinada por letra alguna, mucho menos por palabra alguna. De todos modos, no sirve de nada tirar el diccionario.

No quiero terminar sin decir, porque nos consta, que los idiomas son tiranos y hechiceros, portátiles e inconmensurables. Siendo las diferencias su esencia, su mismicidad se da por sobreentendida y hace que cada una de ellas nos fascine o nos aterre; que cada diferencia sea motivo de estigma —por irregular— o de burla o sobresalto —por incorrecta—. Por algo son diferencias.

Es cierto, previo a abrir un libro ya contamos con algunas expectativas sobre su lectura; ya creemos tener algo de él. Pero cuando se trata de un libro que habla de la manera de hablar, descubrimos fácilmente, les aseguro, que los idiomas no tienen palabra.

Leopoldo Valiñas

Modalidades de la lengua: el caso del español

«Las lenguas, cuando son habladas en una vasta extension territorial, tienden a diferenciarse», afirma Raúl Ávila en *La lengua y los hablantes*.[1] El español no es la excepción, pues se ha extendido de Europa a casi toda América y ha entrado en contacto con otras lenguas, ya sea las originarias de los territorios que lo adoptaron como propio hace siglos o con otras más igualmente provenientes de Europa, como el italiano y el inglés.

«Cambia, todo cambia» dice la canción, y si «cambia el clima con los años» y el calentamiento global, ¿por qué no habrían de

1 Raúl Ávila, *La lengua y los hablantes*, México: Trillas, 1997.

hacerlo las lenguas? Cambian en el transcurso del tiempo. Por ejemplo, el latín se diferenció en cada una de las lenguas romances,[2] y éstas con los años también han cambiado.

De igual forma, según su manera de expresarse, los hablantes pueden detentar su nivel de cultura, su pertenencia a clases cultas o clases populares.

Estas tres modalidades: geográfica, histórica y social, respectivamente, son parte del idioma español en su totalidad y permiten explicar sus cambios y características.

Modalidades geográficas

Son las variantes de uso de palabras de diferentes regiones o países. Nos hacen entender por qué una modalidad nunca puede ser mejor que otra. Por ejemplo:

México	Argentina	España	Venezuela	Cuba
brassier	corpiño	sujetador	sujetador	ajustadores
pito	pija	polla	pinga	pinga [pene]
suéter	pullover	jersey	chaqueta	suéter
refrigerador	nevera	heladera	nevera	refrigerador
calzones	bombachas	bragas	interiores	blumer
chanclas	chinelas	sandalias	cholas	chancletas
bar	boliche	garito	café/terraza	bar
chela	birra	caña	curda	cerveza

2 Como el español, francés, portugués, italiano, rumano, etcétera.

Esta lista es apenas un esbozo de las diferencias que podemos encontrar entre hispanohablantes; como puede verse, algunas se repiten y en otros casos la forma original de un nombre se pierde en el habla coloquial, como en el caso de *cerveza*. Y la lista podría seguir casi interminablemente, para mostrar la Babel que surge de la comunicación entre personas que comparten una misma lengua, por lo que le podría suceder a algún colombiano en México que pida un «tinto» y le den vino en lugar de «café». Y explicaría por qué no ha de pedir «papaya» —vagina— en Cuba o por qué no ha de ofenderse si un venezolano le pide la «cola» —aventón— o le ofrece un «palito» —un trago.

Modalidades sociales

El idioma español no sólo es diferente de una región a otra o de una época a otra, sino que también se habla de manera distinta en cada nivel social. Estas diferencias en la manera de hablar forman tres niveles sociolingüísticos, que se pueden observar en este ejemplo del español mexicano:

culto	**medio**	**popular**
trabajaste	trabajastes	trabajates
viniste	veniste	venistes
haya	[haya]	haiga
pongamos	[pongamos]	póngamos

Lo más probable es que quien usa la primera forma pertenezca a un nivel culto o más estudiado, y quien usa la tercera, a un nivel más popular o con menos acervo literario; pero no hay manera de hablar que se pueda considerar correcta, y si la hay, no es una sola.

Todos hablamos inevitablemente de acuerdo con el uso o la norma lingüística del estatus o la comunidad a la que pertenecemos.

Modalidades históricas

Todas las lenguas están en constante cambio porque están vivas. Las únicas lenguas que ya no cambian son las lenguas «muertas»; las demás, las que se hablan en la actualidad, sufren modificaciones, se adaptan, se ajustan, se enriquecen y permiten, gracias a eso, que podamos nombrar los nuevos inventos, los nuevos descubrimientos y las nuevas ideas del hombre. Sin embargo, hay todavía quienes piensan que el español es una forma degradada del latín o que el español actual es una corrupción del español clásico. Esta idea equivaldría a decir —si nos basamos en la teoría de Darwin— que el hombre es una degeneración del mono. No obstante, la lengua está viva y al ser utilizada por muchos hablantes, evoluciona con ellos.

Por ejemplo, veamos la evolución de una palabra del latín al español:

Trifolium > */trifoliu/* > */trefoliu/* > */trefol/* > */trebol/*
—«tres hojas»—
- trébol

digitu > */diitu/* > */deitu/* > */deido/* > *dedo*
- *dedo*

basiu > */baisu/* > */beisu/* > */beiso/* > */beso/*
- *beso*

Entre las modalidades históricas del español también se podría incluir la abundante presencia de palabras de origen árabe, pues por extraño que resulte cuando se descubre, al igual que el latín —si bien no en la misma medida—, se encuentra en el surgimiento del español que llegaría desde Europa gracias a la serie de viajes que han hecho las palabras arábigas, y cuya explicación es necesariamente histórica; así, una palabra de uso tan común como *almohada*, proviene del árabe hispano *almuẖádda*, y éste del árabe clásico *miẖaddah*; o *aldea*, que pasó directo del árabe clásico *day'ah*, «la villa», al español.

Bugs Bunny habla: *características del lenguaje humano*

El hombre no es el único animal capaz de
establecer algún tipo de comunicación;
pero comparando el suyo con otros lenguajes,
podemos decir que el hombre
tiene el don de la palabra.[1]

Charles F. Hockett

1 Fragmento del capítulo LXIV del *Curso de lingüística moderna* del estadounidense Charles F. Hockett.

La forma en que los lenguajes subyacen en la naturaleza es algo que sólo estudia el hombre. Ningún otro animal o ser vivo puede hablar ni cuestiona, como él. El hombre es el único que no sólo habla, sino que se cuestiona acerca de cómo se establecen los sistemas de comunicación y utiliza sus propios procesos para explicarlos.

En su curso de lingüística, Charles F. Hockett pone como ejemplos de comunicación la danza de las abejas —sistema que posee cierta flexibilidad—, el apareamiento del pez espinoso —el macho nada en zigzag para atraer a la hembra y conducirla al nido— o, mi favorito, el de los gibones —primates que se comunican y estimulan con múltiples gestos y posturas, así como con gritos en los que se distinguen hasta nueve distintas señales—. Sin embargo, ninguno de estos procesos de comunicación puede considerarse lenguaje, ya que carecen de la flexibilidad suficiente y se adquieren por vía genética, no por medio de aprendizaje, lo que nos hace pensar que sólo el humano posee el don de la palabra.[2] Además, las características de doble articulación de la lengua[3] y el hecho de que sea un lenguaje natural, la hacen única y original de la especie humana.

Hockett menciona también la recurrente manía animista de nuestra especie, que nos lleva a caracterizar a los animales —¡y también a las cosas!—. Es sorprendente que el hombre utilice el habla para otorgar a un personaje el carácter humano. En fábulas, cuentos y caricaturas basta con que el monito «hable» para que esté

2 v. ¿POR QUÉ...: «...se dice que los humanos son los únicos primates que lloran?», en *El libro de los ¿porqués y qué onda con...?*, México: Lectorum y Otras Inquisiciones, 2010; pp. 49-50.

3 Como se explica más adelante en la propiedad 15, «reflexividad o función metalingüística».

personificado; se le confiere tono, acento, un modo particular de hablar y con esto cobra «vida».

Para decir que un animal o cosa «habla» como humano, es necesario reunir las quince propiedades o características del lenguaje que el mismo Hockett menciona en su escrito:

1. **modo de comunicación o vía vocal auditiva:** son las señales sonoras que pueden ser transmitidas y recibidas; es decir, que están implícitas en un ser humano gracias a sus órganos emisores —fónicos, como las cuerdas vocales, la lengua y la boca— y receptores —acústicos, desde el oído hasta los receptores neuronales—; sólo así se transmite el mensaje, aunque también, derivado de éste, tenemos el canal manualvisual; es decir, la comunicación escrita.
2. **transmisión irradiada y recepción dirigida:** a través del habla se emite un mensaje que se expande en todas direcciones y puede ser escuchado por cualquiera; sin embargo, el sistema auditivo humano permite la identificación del lugar de donde proviene, así como la dirección —hablar en secreto o al oído— y la no recepción —taparse los oídos.
3. ***fading* rápido o transitoriedad:** el mensaje humano es transmitido sólo temporalmente; las ondas se desvanecen y el mensaje —hablado— no persiste en el tiempo ni en el espacio —«las palabras se las lleva el viento».
4. **interlocución o intercambiabilidad:** un hablante, en condiciones normales, puede tanto emitir como recibir mensajes, con lo que se produce el sistema estímulo-respuesta que completa el proceso de comunicación emisor - mensaje - receptor - mensaje - emisor, el cual nos permite sostener una conversación.

5. **retroalimentación total:** el hablante puede escucharse a sí mismo en el preciso instante en que emite un mensaje. Esto es importante para el ejercicio correcto del habla —aunque es chistosísimo escucharse a uno mismo después de emitido el mensaje, ¡se oye tan distinta la propia voz en una grabación!—. Recuerdo la trama de un dibujo animado en la que el personaje 1 recibe una misiva, pero no la puede leer; el personaje 2 se ofrece a ayudarlo leyendo la carta, pero 1 no quiere que 2 se entere del contenido, así que le tapa los oídos mientras 2 la lee, con el propósito de que no escuche lo que está leyendo en voz alta. La gracia que produce esta escena está basada en la noción del público respecto de la retroalimentación total en el habla.
6. **especialización:** los órganos que intervienen en el proceso comunicativo, aparte de servir para sus funciones fisiológicas correspondientes, están condicionados para el habla, y no forzosamente hablamos de los órganos tradicionales —boca, oído, mano, ojo—. Muchas veces un guiño, una seña o un ademán nos dicen mucho y esto nos proporciona un mayor nivel comunicativo con menor gasto de energía —como mi exnovia, cuando suspiraba arqueando las cejas con esa mueca y ademán de aburrimiento que me hacía entender, sin palabras, que debíamos retirarnos, pues estaba harta e incómoda.
7. **semanticidad:** el funcionamiento de un sistema de comunicación tiene lazos de asociación, situaciones que entran en el dominio cognitivo del hablante; el mensaje se corresponde con un grupo de significados en particular, por lo que es imposible comprender un mensaje del que, aunque se emita en el mismo idioma, no se tiene un conocimiento semántico; por ejemplo, cuando se habla en determinado argot —legal, médico,

de mecánicos, artístico o de barrio—, si no lo conocemos, pensamos que están hablando en chino.

8. **arbitrariedad:** no existe correlación entre la señal y el signo. Por ejemplo, los fonemas que crean la palabra *nada*, en sí mismos no tienen relación alguna con ese concepto; en croata, *nada* significa «esperanza», no hay razón alguna para que el concepto «carencia de algo» deba ser *nada* y no cualquier otra combinación de fonemas.
9. **discreticidad:** las unidades básicas son separables, sin haber una transición gradual. Un oyente puede oír *t* o *d*, y podrá distinguir el uso semántico correcto de una u otra sin escuchar una mezcla de ambas, por la relación entre arbitrariedad y semanticidad. Por ejemplo, cuando escuchamos a un cubano decir «mi veldá», separamos los fonemas y los sustituimos para reconstruir el significado.
10. **desplazamiento:** con el lenguaje podemos hacer referencia a situaciones u objetos que no se sitúan en el «aquí y ahora»; es decir, que están alejados de nosotros por el tiempo o la distancia; incluso, podemos hacer referencia a cosas que no existen ni han existido.
11. **doble articulación o dualidad:** existe un nivel o segunda articulación en que los elementos no poseen significado —fonema o cenema— y otro nivel o primera articulación en que estos elementos se agrupan para tener significado —morfema—. Es interesante que pocas letras puedan hacer una combinación infinita de palabras; por ejemplo, con *a*, *r*, *m* y *o* podemos decir *amor*, *roma*, *mora*, *omar*, *ramo*, etcétera. Lo mismo sucede con las sílabas, lexemas y gramemas, y con las palabras: el amor de Roma, el ramo de Omar, la roma del amor, el amor de Omar, la Roma de la mora; cada una con distinto significado.

12. **productividad:** esta doble articulación y las reglas de la gramática permiten la gestación de términos y oraciones nuevas que jamás han sido creadas, como en la poesía de Vicente Huidobro.
13. **transmisión cultural:** el lenguaje humano adopta y hereda la lengua de quienes lo rodean, es producto de una evolución histórica y se transmite entre generaciones.
14. **prevaricación:** el mensaje puede ser intencionalmente falso. Sólo el ser humano tiene la capacidad de mentir y la lengua es el mejor medio para hacerlo.[4] Es el único lenguaje en el que se puede mentir.
15. **reflexividad o función metalingüística:** el lenguaje humano permite referirse a sí mismo; se puede decir que *altavoz* es una palabra masculina y no se está haciendo referencia alguna al objeto, sino a la palabra en sí; es decir, la lengua puede ser analizada a través de la lengua misma.

Con todo esto podemos afirmar que el único lenguaje, propiamente dicho, es el nuestro. Pero es tan flexible que, incluso, lo podemos transferir a las caricaturas para que, representándonos, nos diviertan, eduquen, maleduquen, aburran, lloremos con ellas, pensemos como ellas, nos proyectemos en el mundo, y así, hasta el infinito...

4 v. «El lobo y el cordero», en *De lengua me como un plato*, COLECCIÓN ALGARABÍA, México: Lectorum y Otras Inquisiciones, 2007; pp. 125-130.

Lo prohibido

La lengua es un sistema perfecto y económico que nos permite con pocos fonemas —en español son 23— formar un número ilimitado de ideas, conceptos, pensamientos y juicios, y por medio de la cual el *Homo sapiens*, otrora *Homo habilis*, ha podido desarrollar su cultura y su civilización.

Es mediante ella que se hace patente que vivimos en un mundo de significados y de percepciones hechos paradigma, a los cuales estamos totalmente atados y circunscritos. Tal como lo han afirmado antropólogos y lingüistas, en principio la lengua está determinada por el entorno,[1] por aquello que es importante y relevante para la supervivencia de una comunidad. Es decir, la realidad conforma, deforma y moldea nuestra lengua y, al mismo tiempo, nosotros vemos la realidad de acuerdo con la lengua que hablamos.

La lengua como espejo

Los hablantes de una lengua pensamos, vivimos y sentimos en ella, y no podemos ver el mundo que nos rodea sino por medio de las categorías o redes que nuestra lengua nos proporciona. Esto lo dice Kurt Baldinger[2] claramente: «La lengua divide el mundo y nosotros recibimos con nuestra lengua materna esta imagen del mundo».

Así, al conocer una lengua específica nos podemos dar cuenta de gran parte de lo que pasa por la mente de quienes la hablan. Porque tenemos «tiempo» y «modo» en los verbos, sabemos que para nosotros los mortales es importante el pasar de los minutos, el devenir, la conciencia de lo que viene y se va. «Soy un fue y un será y un es cansado» nos dice Quevedo, y «lo que un día fue no será» nos dice alguien más, y es que el pasado y el presente no son los mismos y menos a la luz del futuro. Y también sabemos que es importante la forma o la manera en que hacemos las cosas, lo que nos sucede viene aparejado con la manera en que nos sucede y, quizá, es ésta más importante que el acto mismo. «Creer a pie juntillas» no es lo mismo que «creer fervientemente» o «creer con los ojos cerrados». «Yo creo» es distinto a «ojalá que yo crea» y más aún a «si yo creyera».

1 Hipótesis Sapir-Whorf de Edward Sapir, *El lenguaje. Introducción al estudio del habla*, México: FCE, 1954.

2 Kurt Baldinger, *Teoría semántica. Hacia una semántica moderna I*, Madrid: Alcalá, 1970.

Las categorías o conceptos más importantes para el género humano hacen su aparición en la lengua, pues en ella vemos la forma de segmentar la realidad y el mundo de una cultura o de una civilización; así, encontramos que hay lenguas, como en el caso de una variante del totonaco, en la que la acción tiene un sufijo que marca si la haces «de gorra» o no; que en la polinesia hay lenguas con más de 20 palabras para el tramo del espectro de color que va del verde al azul; que en náhuatl existe el pronombre *nosotros* inclusivo —el hablante con el oyente— y el *nosotros* exclusivo —el hablante con otros—; que en inglés «los pecados de la carne» pueden ser *flesh sins* o *meat sins*, porque no es lo mismo «comer carne en vigilia» que «fornicar»; que en el español de México el hablante se involucra en acciones que no le competen en sentido estricto, con frases —hilarantes para otros hablantes del español— como: «te me cuidas» o «el grande me le pega mucho a la chiquita» y una larga lista de etcéteras interesantísimos e inusitados.

EL TABÚ Y LO PROHIBIDO

La palabra *tabú* —que procede originalmente del polinesio *tapú*, y que pasó a los idiomas occidentales a través del inglés *taboo*— designa una conducta, actividad o costumbre prohibida por una sociedad, grupo humano o religión. Fue el célebre capitán James Cook quien introdujo este término al inglés, a fines del siglo XVIII, en el relato de uno de sus viajes por los mares del sur, y con razón, porque en todas las sociedades humanas existen ámbitos, aspectos de la vida y formas de comportamiento —diversas en cada caso particular— sujetos a restricciones o prohibiciones, ya sean éstas de contenido religioso, económico, político, social o cultural. De este modo, y de acuerdo con sus creencias, cada cultura marca como tabúes diversas cosas: objetos que no se pueden tocar, animales que no se pueden matar y/o comer, personas con las que no se puede interactuar en alguna forma, textos que no se pueden leer o gestos y actitudes que no se pueden reproducir.

Estas prohibiciones se podrían clasificar en tres:

1. Las que tienen que ver con la alimentación —como la dieta *halal* de los árabes y la *kosher* de los judíos, el vegetarianismo religioso de India y el canibalismo, entre otros.

2. Las que tienen que ver con las actividades y relaciones del cuerpo —incesto, masturbación, sexo prematrimonial o extramatrimonial, pornografía, homosexualidad, zoofilia, pedofilia y un largo etcétera— y, en sentido indirecto, con la muerte y la enfermedad —quemar los cádaveres, no tocar a los leprosos, etcétera.

3. Y, por último, las que tienen que ver con el lenguaje, la palabra y el pensamiento, lo que llamamos *tabú lingüístico* y que, de alguna manera, refleja los dos anteriores y conforma la capa más superficial y a la vez más profunda de lo que pensamos prohibido.

En general, lo que se reprime y se vuelve tabú es lo que realmente constituye una pulsión para el ser humano, una tendencia, un deseo natural, como el incesto o el sexo; pero también aquello que le da horror o asco, como la enfermedad; o, peor aún, aquello que siente tan cerca que busca alejar lo más posible, como la muerte. Al prohibir algo, la cultura se protege de lo ajeno, de lo que la pudiera corromper, de lo inusitado, de lo extraño, de lo que considera peligroso o de lo que simplemente no quiere ver.

En el caso del incesto, éste se considera un tabú ancestral que se ha combatido siempre y lo encontramos presente desde las civilizaciones más primitivas —incluso las más primarias que tienen una cultura básica como la del neolítico—; quizá no pueda ser rastreado, pero en origen en esta prohibición hay un rasgo de supervivencia de la especie, aunado a un elemento de carácter económico. Se prohíbe el incesto no sólo para evitar problemas congénitos endogámicos, sino además, porque mientras más intercambios sexuales haya entre un núcleo y otro, mayores posibilidades de desarrollo tendrá el grupo humano en cuestión.

Lo individual, lo colectivo

Sigmund Freud equipara estos tabúes de las culturas primitivas con aquellos que son particulares del individuo.[3] Él afirma que, al entender los tabúes de manera antropológica, podemos comprender los nuestros de forma psicológica. Porque, aunque quizá en origen se halle en ellos indicios de pensamiento mágico, divino, demoniaco o maldito, como señala Wundt,[4] también constituyen la representación más palpable de nuestros miedos: a la muerte, a perder nuestra condición, a la enfermedad, a la corrupción de nuestro medio, a lo otro, a lo prohibido, a lo ajeno, a lo desconocido.

Cada sociedad crea y debe respetar sus propios tabúes, que, de acuerdo con Freud, para serlo, deben cumplir con cuatro elementos fundamentales: I. un carácter inmotivado, II. un convencimiento interno, III. una desplazabilidad —contagio a los demás miembros— y IV. la inclusión de cierto rito o acción ceremonial. Y esto se aplica tanto para lo colectivo como para lo individual, porque cada persona, más allá del inconsciente colectivo, tiene sus tabúes personales, hechos propios por herencia, influencia o convicción: personas que se prohíben a sí mismas masturbarse o decir malas palabras, o ser

3 Sigmund Freud, *Tótem y tabú. Obras completas (1913-1914)*, Buenos Aires y Madrid: Amorrortu, 1980.

4 Wilhelm Maximilian Wundt (1832-1920), filósofo y psicólogo alemán estudioso del tabú.

desordenadas, o no hacer ejercicio, o comer chocolate, o tener un amante, o no tenerlo, por ejemplificar con algo.

Pecado y transgresión

El pecado no es más que la prohibición o el tabú dentro de la religión, en él se ven reflejadas diversas tendencias y obsesiones grupales, porque lo que es pecado en una religión puede no serlo en otra. Estos preceptos son la forma que tiene la religión, la jerarquía o el Estado mismo, de controlar, de mantener el orden y de lograr la cohesión de un grupo social y pueden ir desde lo sexual hasta la comida: si para una religión comer carne de puerco o carne con leche es pecado —es decir, implica la quebrantación de la ley divina y por lo tanto un castigo— para otra lo es tener relaciones prematrimoniales o leer ciertos libros, y para otra más usar el pelo suelto o trabajar en viernes; es decir, cada hito religioso implica distintas formas de pecado. Como muestra tenemos las prohibiciones del catolicismo que sólo permite tener sexo para procrear, por lo que usar condón o cualquier otro anticonceptivo está prohibido, o la religión musulmana, en la que la mujer es la fuente del pecado, provoca deseo intrínsecamente y por ello no debe mostrar su rostro y menos su pelo.

El tabú no se debe transgredir, pero es en la transgresión donde se entiende y se conforma. El que viola un tabú en la comunidad da el mal ejemplo a los demás, porque tienta a que otros lo violen, a que despierte en ellos la pulsión[5] de ceder ante lo prohibido. Esta transferibilidad del tabú refleja la inclinación de la pulsión inconsciente de la que todos somos parte. El hombre que violó un tabú se vuelve él mismo un tabú porque está corrompido, y aun

5 Las pulsiones son fuerzas de naturaleza inconsciente que motivan la conducta de los hombres; provienen de lo corporal, pero han sido mediadas por nuestras imágenes inconscientes.

cuando el placer de violar el tabú subsiste en él, inconscientemente deberá vivir con una ambivalencia entre el ser y el deber ser, entre lo que quiere y lo que debe hacer.

Por ello, y para evitar la propagación de la transgresión y la violación de las reglas de la comunidad, el transgresor debe ser castigado públicamente, o «excomulgado»; es decir, expulsado de la comunidad en cuestión. Ícaro transgredió al equipararse al Sol, lo mismo que Prometeo al traer el fuego; Sísifo, Tántalos y muchos más rompieron las reglas y por ello fueron castigados a vista del resto. Esta transgresión se llama *herejía* en el ámbito católico y reside sobre todo en la tergiversación de la teología o dogma ortodoxo, y por ella han sido excomulgados, estigmatizados, torturados y ejecutados los arrianos, los cátaros, los maniqueos, los gnósticos y personajes como Giordano Bruno, Juana de Arco, Miguel Servet, Berengario de Tours, Marsilio Ficino o Martín Lutero, sólo por enlistar algunos de cientos de miles más.

En la palabra está el goce

Ahí donde la palabra es la cosa misma, las palabras tienen poder sobre la cosa que designan, sobre quien las dice e incluso sobre quien las oye, como Borges confirma: «Si —como el griego afirma en el Cratilo—, / el nombre es arquetipo de la cosa, / en las letras de rosa está la rosa / y todo el Nilo en la palabra Nilo».[6] Es por ello que en muchas y variadas culturas se prohíbe decir tal o cual palabra, frase o sonido; ya que a veces las palabras —como apunta la lingüista María Ángeles Soler[7]— atraen fuerzas negativas, ofenden a la divinidad, a nuestros semejantes, o bien, porque son consideradas «sucias» o «de mal gusto».

---

6 Fragmento del poema «El Gólem».

7 v. «El tabú lingüístico» en *De lengua me como un plato*, Colección Algarabía, México: Lectorum y Otras Inquisiciones, 2007; pp. 107-112.

Por ejemplo, en algunas tribus a nivel de bandas o aldeas,[8] a las mujeres no les es permitido mencionar el nombre de su marido ni ninguna palabra que tenga parecido con él, por miedo a causarle daño o matarlo. Tampoco pueden designarse por sus nombres las cosas especialmente valiosas, para no atraer los malos espíritus sobre ellas —echarles «mal de ojo», se diría por acá—. De esta manera, muchas veces se confunde el significado —el objeto referido— con el significante —el signo lingüístico o palabra—, como Gustavo Rodríguez nos dice: «No es la cosa en sí, sino el signo lo que constituye el tabú».[9]

El señor mi Dios

Como puede verse, lo prohibido siempre se hace presente en el habla, en lo que decimos y sobre todo en lo que callamos: y esto es aún más palpable tratándose de la divinidad, porque, qué más lejano prohibido, intocable, infalible e inefable que Dios. Así, en la religión judía está prohibido pronunciar el nombre de Dios,[10] que también se conoce con el tetragrámaton יהוה, y en su lugar se dicen cosas como *Adonai* —'señor'—, *Hashem* —'el nombre'—, *Adoshem* —combinación de ambos— o *Elohim* —'el poder de los poderes'—. Asimismo, existen otras culturas, también a nivel de bandas o aldeas, en las cuales se cree que uno corre peligro si sus nombres son usados por magos o enemigos, por lo que usan dos nombres: uno pequeño, por el que son conocidos, y otro grande, que ocultan celosamente y que tienen prohibido pronunciar. Un ejemplo de

8 Marvin Harris, *Caníbales y reyes*, Madrid: Alianza Editorial, 2003.

9 Gustavo Rodríguez B., «Notas sobre el tabú lingüístico» en *Documentos Lingüísticos*, Colombia: UACH.

10 Porque Dios, como decía el profeta cabalista Moshe Cordovero, es «un círculo cuyo centro está en todas partes y cuya circunferencia en ninguna» y que quien sabe el nombre —de más de 600 nombres de Dios— se vuelve iluminado, pero a la vez enmudece porque no debe comunicarlo.

este tipo de interdicción religiosa supersticiosa lo constituye el nombre mágico, religioso, original, único o «bautismal» y por lo tanto divino, que el hablante se ve obligado a designar por medio de perífrasis o metáforas.

Muerte y tabú

La muerte nos persigue desde que nacemos, «vivir es la primera causa de muerte», diría Groucho, y es por ello que el tabú lingüístico se hace aún más patente cuando ésta se nos acerca. Por poner un ejemplo: en latín desaparecieron en su momento los sustantivos originales para designar *hijo-a*, que fueron sustituidos por otros como *filius*, *filia*, que en origen significaban 'lactantes', por miedo a nombrar al niño de brazos y que éste muriera; los miembros de las tribus de Australia central tienen que mencionar el nombre de un hombre muerto en voz baja, porque creen que si incumplen el tabú, el indignado espíritu les perturbará el sueño; los aborígenes de Victoria se deben referir a un muerto como «el perdido» o «el que ya no es», para no mencionar su nombre, y los guajiros de Colombia castigaban el mencionar a un difunto con la muerte misma.

Esto puede parecernos risible, exótico o completamente desorbitado, pero no dista mucho de ciertas frases que en el español de México usamos cuando de hablar de muerte se trata: desde el «ya no está con nosotros», «se nos fue», «se nos adelantó», hasta «el difunto», «el finado» o, por nuestros lares, cosas como «lo sacaron con los tenis por delante», «chupó faros», «se quebró» o «le tocó bailar con la huesuda». Pero la prohibición es específica de cada cultura particular, y lo que en una puede ser prohibido o sacrílego, en otra no lo es: en España, por ejemplo, es normal decir maldiciones como «me cago en la hostia» o «me cago en la Virgen», que en la sociedad mexicana serían impensables e inefables.

Lo políticamente correcto

Por otro lado y en cuestiones menos religiosas, el tabú lingüístico también incide en el ámbito social. Por ejemplo, en el caso de los indios navajos, un hombre no debe dirigirse a su suegra —es decir, a la madre de su mujer— o hablar con ella, y sólo puede hacerlo a través de otra persona; en caso de que esto sea muy necesario, debe decirse a sí mismo y en voz alta lo que es urgente que ella oiga. Esta forma de comunicación que parece bastante exótica, no es muy distinta del protocolo de las sociedades modernas, como el español que utiliza el *Usted* —una palabra de protocolo que deriva originalmente de *Vuestra Merced*— y otros términos de respeto, como *Su Señoría —Usía—*, *Su Santidad* o *Su Majestad*, que además usan la conjugación de tercera persona. «Usted piensa», «¿Qué desea Su Majestad?», lo que hace que la comunicación sea de mayor respeto al haber un alejamiento y una distancia virtual con el interlocutor.

Esto se relaciona, de cierto modo, con las criptolalias o lenguas secretas, que constituyen un tipo de lengua especial por el sentido místico que encierran, un código secreto sólo para iniciados y que en muchas sociedades sirve para gestionar la información, como el caso de las palabras, los términos, las expresiones e incluso las lenguas que las mujeres no pueden oír ni utilizar, o al revés en el caso único del *nushu* —una lengua secreta china, hablada sólo por mujeres.[11]

En la piel de la letra

Como podemos ver, el lenguaje —como representación canónica de lo que somos, de lo que hacemos, de lo que pensamos y de lo que

11 v. «Sólo para mujeres: el nushu» en *De lengua me como un plato*, Colección Algarabía, México: Lectorum y Otras Inquisiciones, 2007; pp. 159-165.

no— refleja todo lo que el ser humano es y, por lo tanto, también todo lo que teme, todo lo que le asusta o lo que no considera apropiado, como sociedad o como individuo. Lo que se puede decir y lo que no, trasluce lo que se quiere ver y lo que no, lo que puede estar a la luz del día o debe permanecer escondido en las sombras.

Pero como hay que hablar, como hay que comunicarse, muchas veces en el lugar de las palabras tabú se emplean otras, no tabuizadas, que funcionan como eufemismos; es decir, como términos «inofensivos».[12] A través de ellas cada dialecto o comunidad lingüística establece sus propias formas de sustitución, alteración, modificaciones de voces o expresiones que considera de dominios más prosaicos, vulgares, desagradables o impúdicos, y establece qué decir y qué no, cuándo y cómo.

En este sentido, en la sociedad tradicional mexicana, por ejemplo, todavía es mal visto usar «malas palabras», o «groserías», siendo éstas de diferente índole y talante: maldiciones, insultos o improperios como *chingada madre*, *pendejo*, *estúpido* o *carajo*, sobre todo en ámbitos sociales formales o si se está frente a «damas», niños y mayores. Muchas veces, quien las dice suele recibir reproches del tipo de «¿con esa boquita comes?» o «te voy a lavar la boca con jabón», por lo que frases como «está de la chingada» deben ser sustituidas por otras como «está de la fregada», «de la chifosca mosca», «del carámbanos», «del cocol», «chintetes» «careste», etcétera.

De tu «d'ese»

Y en el caso de las partes del cuerpo, los genitales y todo lo que con ellos se relaciona, hay una gran variedad de nombres y de estructuras evolutivas que los encubren por su carácter «obsceno»

12 v. «En el nombre de Eufemio» en *Está en chino*, Colección Algarabía, México: Lectorum y Otras Inquisiciones, 2007; pp. 83-88.

y «denigrante». Y así, de *nalgas* o *culo* nos vamos a *pompis*, *nachas*, *trasero*, *asentaderas* o *glúteos*; de *pene* a *pito*, *pajarito*, *pirrín*, *pirinola*, *plátano*, *chaflán* o hasta «tu d'ese»; o bien, de *tetas* a *chichis*, *bubis*, *pechos*, *pechonalidad* o *busto*. Lo mismo pasa con los juegos de palabras en relación con *fornicar* —que también es *coger* en mexicano— y que deriva siempre en: «hacer el amor», «abusar de alguien», «poseer», «pasar por las armas», hasta cosas como «hacer el uqué», «cuchiplanchar» o «echar pata».

En los terrenos que aluden a la enfermedad o a lo desagradable —porque en la mayor parte de las sociedades está prohibido ver lo que todos ven y decirlo en alto— se utilizan otro tipo de eufemismos: quien es viejo ha pasado, en el lenguaje oficial, a «senecto»,«adulto mayor», «miembro de la tercera edad» o«adulto en plenitud»; un ciego es «invidente» o «débil visual»; un sidoso es «persona que vive con VIH/sida»; quien es cojo, paralítico, hemipléjico o manco, después de haber pasado por ser tullido, minusválido o discapacitado, es ahora un «individuo con capacidades diferentes».

Estos eufemismos están en constante cambio, y el mismo fenómeno, problema o tabú es nombrado de diferentes maneras de acuerdo con la usanza y con el paso del tiempo. Porque al nombrar lo innombrable, el eufemismo se va contaminando con los valores negativos y se transforma a su vez en una palabra tabú, por lo que debe ser sustituida por otra nueva, y así sucesivamente. Ya era suficiente eufemismo *chichis* —del náhuatl *chichitl*—, pero de pronto resultó que ya habiendo adquirido la carga negativa o directa, ahora se le sustituye por *bubis* —un anglicismo, de *boobs*.

Lo que no decimos

En el individuo, todo el universo de lo prohibido tiene que ver con sus deseos maltrechos, sus pulsiones insatisfechas; también con aquello que le es ajeno o desconocido o con lo que le molesta y repugna, y evidentemente es en la lengua —ese sostén del mundo, esa mirilla por la cual ve la realidad— que esto se hace patente. En ella sale a flote «todo lo que molesta, afecta, impresiona, provoca miedo, causa hilaridad, inquieta o enoja a un conglomerado humano», en lo colectivo y en lo particular. Y en esta dirección, apunta Freud, el tabú lingüístico no deja de ser diferente a los otros, ni deja de afectar o incidir en lo particular, en lo individual y en nuestra propia forma de hablar. De esta manera, cada uno de nosotros, en nuestro idiolecto, decidimos lo que está bien o mal decir de acuerdo con el contexto y con las circunstancias, desde el *dirty talking* durante el acto sexual, que para algunos puede ser placentero y para otros repulsivo, hasta las palabras que podemos usar en los diferentes ámbitos de la vida, con nuestro jefe, nuestros profesores, con nuestros padres o amigos más cercanos.

Hablar de *tú* o de *usted*; decirle al mesero, *mesero* o *señor*; dirigirse a desconocidos de tal o cual modo; decir «malas palabras» o «groserías» con las amigas de la escuela de monjas y evitarlas cuando se está con hombres; hablar despectivamente de ellos y viceversa. Dar la mano, saludar de beso, nombrar las partes del cuerpo tal cual o referirse a ellas con sobrenombres, enseñarle a hablar a nuestros hijos con palabritas o palabrotas; no decir las cosas directamente, hablar con circunloquios o no poder decir *no*, son decisiones que tomamos de acuerdo con el concepto de lo prohibido que nos hemos formado a lo largo de la vida; porque en cuestión del tabú, lo que callamos dice más que lo que decimos.

Fuera del diccionario

Al despuntar el atribulado siglo XX, un empeñoso investigador estadounidense, Herbert Eugene Bolton, se lanzó tras las huellas de uno de los mayores colonizadores y conquistadores de la frontera norte de la Nueva España, el sacerdote jesuita Eusebio Francisco Kino. En 1907, sus pesquisas se vieron recompensadas con un hallazgo notable: el extenso manuscrito autobiográfico, largamente perdido, que conocemos como *Favores celestiales*.[1] Treinta años después, apareció *Rim of Christendom*, la monumental obra de Bolton acerca del misionero.

Puedo dar fe de que durante esos 30 años Bolton trabajó con seriedad, precisión y diligencia ejemplares, en los archivos de ambos lados del Atlántico y a campo traviesa, sobre las rutas de Kino, porque conozco su obra con cierto detalle. Durante quince años trabajé en su traducción, y espero que aparezca pronto la versión en castellano, *Confines de la cristiandad*.

Parecen muchos quince años para las menos de 800 páginas del libro, pero debo decir que la mayor parte de ese tiempo se consumió en localizar los escritos de Kino y de sus contemporáneos, aprovechados ampliamente por Bolton y casi siempre compuestos en español. Gracias al auxilio de Gabriel Gómez Padilla, que en aquel tiempo era jesuita —y a quien debo toda esta aventura, pues fue él quien me invitó a ocuparme de la traducción—, finalmente pude reunir todos los documentos, y hubo muchos pasajes donde pude rectificar y ampliar las citas, tan libres como abundantes, que Bolton utilizó para construir su obra. Estoy seguro de que, de haber vivido entonces, Bolton habría aprobado estos retoques. Incluido el que aquí interesa.

Me refiero a una sección titulada en inglés «Quicksilver and Blond Women», que ocupa las páginas 371 a 375 de la edición

---

1 Con más tiempo que nosotros, Kino lo tituló *Favores celestiales de Jesús y de María Santísima y del gloriosíssimo apóstol de las Yndias San Francisco Xavier, experimentados en las nuevas conquistas y nuevas conversiones del nuevo reino de la Nueva Navarra, desta América septentrional yncógnitas y passo por tierra a la California, en 35 grados de altura, con su nuevo mapa cosmográfico de estas nuevas y dilatadas tierras, que hasta aora havian sido yncógnitas dedicados a la real magestad de Felipo v, mui católico rey y gran monarca de las Españas y de las Yndias.*

de 1960 que utilicé para traducir. Contra lo que parecía obvio, no convertí este título en «Rubias y azogue», sino en «Azogue y hombres blancos». Ya veremos el porqué.

¿GÜEROS O GÜERAS?

Bolton cuenta allí cómo Kino, en 1697, durante una entrada que hizo en compañía de los capitanes Cristóbal Bernal y Juan Mateo Manje, encontró en una ranchería de los pimas sobaípuris que él llamó San Andrés, en las márgenes del río Gila, a un indio «todo pintado de embije —escribió Manje—, muy encarnado, que parecía bermellón o almagre finísimo».

De inmediato Manje, que tenía sus estudios y había leído a Agrícola, vio en esto un indicio de mercurio, metal tan raro[2] como necesario para el beneficio de la plata. El temor a los apaches disuadió a los expedicionarios, que eran pocos, de ir adelante en busca de la mina. Pero no les impidió conocer otra historia que traían los naturales: de vez en cuando llegaban al río Colorado unos hombres blancos a caballo. ¡Atención! Según Bolton, Bernal anotó en su diario: «También dijo dicho indio que vienen unos hombres blancos a caballo en sillas y con sus güeras —"*blond women*", escribe Bolton—, y que éstos dan guerras a la gente de más adentro, y preguntándole que qué tan blancos eran los dichos hombres, dijo, señalando a Juan Xermán, que de aquel blanco y pelo eran».

Lo de las *güeras* naturalmente llamó la atención de Bolton, quien consignó el siguiente comentario: «Este relato dio a la tropa de qué hablar en los días siguientes, pues en México, aun hoy en día, la aparición de una rubia conmociona a todos los miembros del sexo

2 Solamente tres minas de azogue explotaban entonces los españoles, en Almadén, Huancabelica y Carintia.

masculino». Lo que, curiosamente, no llamó la atención de Bolton es que en ningún lugar, nunca, ningún otro estudioso hubiera reparado en las güeras; tampoco que Manje, ni Bernal, ni Kino —se conservan los diarios que los tres llevaron de esta expedición— se mostraran interesados en averiguar nada acerca de estas mujeres.

La explicación llegó en cuanto tuve a la vista el texto de Bernal. Bolton leyó mal; entendió mal. Don Cristóbal Bernal no escribió *güeras*, con *g*, sino *qüeras* con *q*. Así el sentido del texto es perfecto y no tiene por qué sorprender a nadie: «unos hombres blancos a caballo en sillas y con sus qüeras»; esto es, con las armaduras de cuero que protegían a los caballos. Es fácil comprender que el comentario de Bolton sobre la manera en que los mexicanos las prefieren rubias haya quedado fuera de la traducción. Lástima. A mí me seducían más las misteriosas güeras.

El tropezón de Bolton, sin embargo, me fascina porque nos coloca de lleno en el meollo de la comunicación: en el misterio de lo que significa comprender un texto o, simplemente, comprender. El problema no es la sustitución de una letra o de una palabra por otra. El problema es por qué Bolton dio por buena esa lectura equivocada; por qué Bolton no puso en duda una noticia que la falta de otros comentarios volvía tan extraña.

LECTURA Y COMPRENSIÓN

Resulta que, para bien o para mal, no leemos solamente con el diccionario. No es el significado aislado de las palabras lo que embaraza o propicia nuestras posibilidades de comprensión. Es la sociedad de las palabras lo que tiene sentido y lo que decide el significado de cada una de ellas. Leemos con toda nuestra historia, nuestra experiencia, nuestra información, nuestras lagunas, nuestras manías a cuestas; cargamos de sentido y de significado el texto —eso es comprender— con los prejuicios, los deseos y el humor del día.[3] Leemos —comprendemos; sin comprensión no hay lectura[4]— fuera del diccionario.

Podemos leer —comprender— mal, como lo hizo Bolton. *Comprender* no significa necesariamente comprender bien. Nadie puede decir que Bolton no entendió el texto de Bernal: lo entendió mal, y eso es diferente a no haberlo entendido. No entender; verse obligado a simular la lectura sin comprender el texto que se sigue es la razón más importante para que cualquiera rehúya el trato con los libros. Mucho tiene que ver en esto el vicio de suponer que la descodificación de los signos y la comprensión del texto son dos tareas separadas. En general, las escuelas prestan mayor atención a lo primero, porque puede medirse con facilidad: se dedican a vigilar la velocidad de lectura y los defectos de pronunciación, y se olvidan de que lo «de veras» importante es encontrar un sentido a la lectura. Solamente si se aprende a cargar de significado un texto, y si hay un interés genuino en hacerlo, podrá alguien hacerse lector, podrá alguien emprender la carrera de lector —una carrera que nadie puede jactarse de haber completado, y que, por lo mismo, es siempre un tanto heroica.[5]

---

3 David Elkind, siguiendo a Piaget, sostiene que las palabras, escritas o habladas, reciben significado del lector o del oyente, «que las interpreta según su acervo de conocimientos. La riqueza de significado que obtenga de la lectura dependerá tanto de la calidad del texto como de la amplitud y profundidad de su entendimiento conceptual».

4 Dice Goodman que «la búsqueda de significado es la característica más importante del proceso de lectura. [...] El significado es construido mientras leemos, pero también es reconstruido. [...] A lo largo de la lectura de un texto, e incluso luego, el lector está continuamente reevaluando el significado y reconstruyéndolo en la medida en que obtiene nuevas percepciones».

5 Cito nuevamente a Goodman: «Aprender a leer implica el desarrollo de estrategias para obtener sentido del texto. [...] Esto solamente puede ocurrir si los lectores principiantes están respondiendo a textos significativos que son interesantes y tienen sentido para ellos».

A eso es a lo que llamo aquí *comprensión*: a la capacidad de cargar de sentido un texto. Capacidad que por supuesto es variable de un lector a otro, y es variable también, para un mismo lector, de una lectura a otra. Estoy definiendo, pues, la comprensión de la lectura como la capacidad de atribuir un significado o un sentido al texto —y a cualquier otra cosa: así leemos una pintura, una película, un programa de televisión, nuestras relaciones personales; así leemos el mundo.

Que es el lector quien atribuye el significado al texto puede fácilmente comprobarse. Escribamos *IO* en el pizarrón frente al grupo —da lo mismo la edad de los alumnos—; todos leerán *diez*. Agreguemos *R* para formar *RIO*, y todos leerán *río*. Es virtualmente imposible, mientras estemos con hispanohablantes, que alguien desde un principio lea *io* en lugar de *diez* porque, a esos signos, que son los mismos, difícilmente se les atribuirá un significado que no tiene sentido.

Aprendiendo a comprender

Leemos, casi al azar, un fragmento de «Pueblerina», el delicioso cuento de Juan José Arreola que narra el final de un abogado con cuernos: «Pero la vida tranquila del pueblo tomó a su alrededor un ritmo agobiante de fiesta brava, llena de broncas y herraderos. Y don Fulgencio embestía a diestro y siniestro, contra todos, por quítame allá esas pajas. A decir verdad, nadie le echaba sus cuernos en cara, nadie los veía siquiera. Pero todos aprovechaban la menor distracción para ponerle un par de banderillas; cuando menos, los más tímidos se conformaban con hacerle unos burlescos y floridos galleos. Algunos caballeros de estirpe medieval no desdeñaban la ocasión de colocar a don Fulgencio un buen puyazo, desde sus engreídas y honorables alturas...»

Es posible que para atribuir un significado a ciertos términos —*banderillas*, *galleos*, *puyazos*—, un lector que no conozca nada de la fiesta brava deba acudir al diccionario. Supongamos que consulta la *Enciclopedia del idioma*, de Martín Alonso. Verá que *banderilla* es —segunda acepción— un «palo delgado revestido de papeles rizados y con un arponcillo en el extremo, que usan los toreros para clavarlo en el *cerviguillo* de los toros». Tras la nueva consulta, y una vez averiguado que *cerviguillo* es la «parte exterior de la cerviz cuando es gruesa y abultada», ¿cuál podrá ser la representación mental que nuestro hipotético lector se haga de lo que dice el cuento? Este lector no puede atribuir suficiente sentido a «Pueblerina»; no está preparado para leerla, su lectura será disparatada o aburrida, o ambas cosas. Difícilmente podrá disfrutarla.

El caso de Arreola

Un segundo lector, que tenga al menos rudimentos del tema, podrá seguir con mayor gozo los varios niveles de la escritura de Arreola. Aunque bien puede ser que al llegar a «llena de broncas y herraderos» tome estas palabras en sus acepciones comunes y no alcance a percibir el significado preciso que tienen en el ámbito taurino, con lo cual creerá que se refieren a pleitos y a la operación de herrar a las reses, y no a las protestas del público y al desorden en la lidia —de alguna manera, no podrá advertir sino parcialmente el mando de Arreola sobre la lengua.

Al leer que «algunos caballeros de estirpe medieval no desdeñaban la ocasión de colocar a don Fulgencio un buen puyazo, desde sus engreídas y honorables alturas», es probable que este segundo lector no pueda sentir, como lo hará un tercero, más avezado, la evocación de la historia entera del toreo que Arreola hace con estas palabras, ni verá que las «engreídas y honorables alturas» se refieren lo mismo a la posición social de los vecinos de don Fulgencio que a la posición sobre el caballo de aquellos otros caballeros, efectivamente medievales, que solían correr lanzas para cazar toros.

El tercero de estos lectores podrá atribuir las palabras de Arreola, a un mismo tiempo, un mayor número de significados y sentidos; las comprenderá mejor y las gozará más. El segundo tendrá una comprensión más limitada. El primero corre mucho mayor riesgo de entender mal y, en algunos casos, de no entender. Como la mayoría de nosotros frente al párrafo que sigue: «*Bij aankomst meldt de kampeerder zich bij de administratie. Na inschrijving plaatst hij sijn tent of caravan op het door de kampbeheerder aangewezen terreingedeelte, zodanig dat anderen geen overlast wordt aangendaan...*».

Frente a una lengua desconocida —en este caso, holandés— no entendemos mal, sino que no entendemos, porque no tenemos manera de atribuir ningún significado a las palabras que vemos. Esto ya lo dije, pero vale la pena repetirlo: entender mal y no entender son dos cuestiones distintas.

Memoria y comprensión

No confundamos la memorización con la comprensión. Aprender un texto de memoria —en holandés o en castellano— no significa comprenderlo. Todos los alumnos de quinto y de sexto de primaria en este país, por ejemplo, se saben de memoria el *Himno Nacional*, pero muy pocos pueden atribuir significado a su letra. Incluso pocos adultos pueden hacerlo. La escuela no fomenta el ejercicio de atribuir significados a los textos, ni a ninguna otra cosa; tampoco es una facultad que se ejercite en las familias.

Así pues, ¿qué es «el acero aprestad y el bridón»? ¿Por qué las sienes de la Patria han de ser ceñidas de oliva? ¿Quién es «mas si osare»? Preguntas sin respuesta. Hasta que un día alguien o algo

—más vale que sea alguien, porque eso nos ahorra mucho tiempo— nos deja caer encima el relámpago de la revelación: esas palabras tienen significado; todas las palabras, cuando entran en sociedad, se cargan de significado y de sentido; si no lo conoces, si no lo sientes, tienes que dárselo, tienes que tomar conciencia de sus valores y sus texturas. Cada vez que repitas «Ave, María» recuerda que saludas a la Virgen con las palabras del arcángel y siente el peso de dos milenios en esa volátil vibración del aire que son tus palabras. Cada vez que digas: «ruega por nosotros, los pecadores, ahora y en la hora de nuestra muerte», convierte esas palabras, desde la certeza de tu fin, en una auténtica imploración.

¿Dónde y cómo se aprende a comprender; es decir, a atribuir un sentido o un significado a la lengua articulada en un texto? Lo más importante, me parece, es esto que acabo de llamar «la revelación»: descubrir que las palabras de un texto tienen un sentido, un significado en principio preciso, y que es una torpeza seguir adelante cuando no se entiende lo que se está diciendo o leyendo. Hay que ayudar al lector incipiente a poner en las palabras los significados adecuados, para que tome confianza y aprenda a hacerlo por su propio esfuerzo. Si obligamos a un niño a repetir algo que no entiende, lo estamos criminalmente acostumbrando a pasar por alto la importancia del significado, del sentido. Después viene la práctica, la frecuentación, el ejercicio; todo esto con la conciencia de que leer no significa repetir palabras, sino encontrar sentidos y significados. También es muy importante compartir la lectura —con vivos y muertos—; el diálogo, el comentario, la experiencia de quienes van por delante de nosotros. Y que alguien, o algo, nos ayude a obtener conclusiones, a poner en tela de juicio lo que dice el autor, a disentir con él o a respaldarlo con nuevas razones. Porque éstas son las estrategias de la comprensión.

La especialización

Todos sabemos que hace falta repetir la rutina cada vez que nos hallamos ante un código nuevo. Me confieso analfabeto en una infinidad de materias. Si alguien me diese ahora un texto de mercadotecnia, de astronomía o de derecho internacional; una reseña del hipódromo o un diagrama de la instalación eléctrica de este edificio, no podría leerlos, pues no podría cargarlos de significado o de sentido. Para hacerlo, tendría que comenzar a frecuentar, comenzar a apropiarme, esos códigos, por lo pronto tan ajenos a los míos que no exagero al calificarlos de lenguas extranjeras. Todos somos analfabetos especializados. Nadie debería serlo en literatura, porque la literatura explora la vida y ésa es una materia que todos cursamos. Aunque aun allí estamos expuestos a tropezar con códigos desconocidos. Quien jamás se ha acercado a la poesía barroca tropezará con Garcilaso y, con mayor seguridad, con Góngora y Sor Juana. Viajar a otro país, a nuestro alcance en el librero, dentro de la unidad que orgullosamente tenemos a la sombra de nuestras 22 banderas, nos da la oportunidad de sentirnos, no tanto como extranjeros pero sí como fuereños, en nuestra propia lengua. Y una obra, un autor, un género, una época, una literatura que no hemos leído son una calle, un barrio, un pueblo, una ciudad, un país donde nunca hemos estado. Si queremos conocerlos no hay más remedio que visitarlos, recorrerlos, estudiarlos, volver a ellos hasta que nos sean familiares, hasta que podamos darles sentido y significado; es decir, hasta que podamos leerlos.

¿De veras hace falta que todo el mundo lea y escriba? Yo creo que sí. Yo creo que para ser dueños de nuestra lengua, ahora que se nos va acabando el siglo XX,[6] tenemos que ser capaces de leer y

6 «Fuera del diccionario» fue una ponencia presentada por el autor durante el Congreso Internacional de la Lengua celebrado en Zacatecas en 1997. [N. del E.]

escribir. Es cierto que la lengua, y también la literatura, nacieron puramente habladas. Es cierto que sobreviven pueblos ágrafos y que en los alfabetizados la oralidad convive con la escritura. Es cierto que eso que escribimos se vivifica, se anima cuando se le presta la voz. Todo es cierto, sí, pero también lo es que nuestra civilización se ha construido con la palabra escrita, que hace varios milenios reventó los límites físicos de la oralidad. En nuestros días, la lengua no está completa si no incluye la escritura y la lectura. En nuestros días, dejar fuera de la lectura y la escritura a una parte de nuestra población es una injusticia, un crimen social.

Hoy en día, el lenguaje escrito se nos ha vuelto tan propio, tan entrañable, tan necesario como el lenguaje hablado. Por eso hay un clamor general para acabar con el analfabetismo; por eso tanta gente se esfuerza para que las lenguas indígenas se escriban y tengan un desarrollo cabal. Para terminar, debo repetirlo: hoy en día, nadie es dueño de su voz si no puede ponerla por escrito.

Entre la cultura y la ciencia

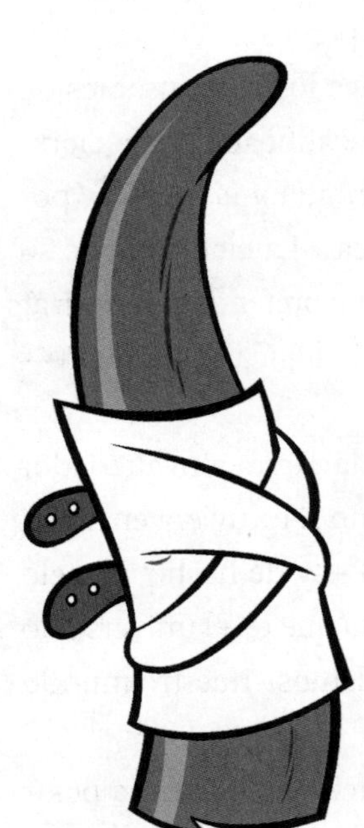

Todo grupo humano estructura su realidad, no a partir de principios o criterios científicos, sino culturales. Nuestra esencia es ser sujetos culturales. Nos explicamos y nos justificamos a partir de nuestras experiencias, creencias y valores heredados. Sólo ocasionalmente, cuando nos pega el embrujo de lo que llamamos *racional*, acudimos a criterios científicos para explicar nuestra realidad. Sólo en ocasiones, repito, porque por lo regular somos tan culturales que dejamos a un lado la ciencia con todo y su lógica, su capacidad explicativa y su universalidad.

Curiosamente, tanto la organización cultural de la realidad como la científica pasan, inevitablemente, por el lenguaje. Usamos el idioma para nombrar y calificar las partes de nuestro cosmos y, a la vez, para hablar de ellas. Este empleo responde a principios tanto gramaticales como culturales. Los primeros están por fuera de cualquier razón —que no sea gramatical—; por eso es del todo inútil buscarle lógica al empleo de las preposiciones, por ejemplo, entre «ir *a* pie» e «ir *en* pesero», o entre «seguir *de* pie» y «seguir *de* pesero».

De hecho, son los principios culturales los responsables de definir, entre otras cosas, lo nombrable, lo calificable y, de cierto modo, los significados «permitidos». La lengua y la cultura, por lo general, se oponen a las razones científicas. La ciencia tiene su propio espacio, sus propias reglas. Es inútil que pretendamos utilizar lo cultural —como muchos defensores de la lógica lo intentan— siguiendo principios científicos.

Por ejemplo, a pesar de reconocer que la Tierra gira alrededor del Sol, todos decimos que el Sol «sale», como si estuviera en algún interior. Culturalmente, el Sol cruza el cielo —y de hecho, el cielo existe gracias a la cultura—. Poco nos importa que en el universo no haya arribas ni abajos. Culturalmente «mapeamos» nuestro mundo con adentros, afueras, arribas y abajos.

Ni el físico más científico dejará de usar el verbo *caer*, a pesar de que la ley de gravitación universal precise que los objetos no caen, sino que son atraídos. Seguirá teniendo humor *negro*, usando hojas *blancas* —de color «*verde* óptico»— y gustará o no de la nota *roja*, independientemente de lo que diga la física sobre el color. También él podrá decir que no le gustan los aguacates cuando están *verdes* —antes de madurar— y que su hijo ya sanó porque ya no tiene *temperatura* —a pesar de que físicamente todos los cuerpos tengan, por fuerza, temperatura.

Nuestra vida cotidiana se rige por las lógicas culturales y lingüísticas. La lógica científica sólo funciona cuando se está en el campo científico. Y digo todo este rollote porque algunas veces se pretende racionalizar el habla olvidando que la gramática, así como los usos del lenguaje, responde a otros principios. El otro día oí que alguien advertía que decir «un 12 de octubre de 1492» era incorrecto —¡qué necedad!— porque en 1492 sólo hubo un 12 de octubre. Estas explicaciones efectivamente son lógicas, pero olvidan que en el lenguaje también hay estética y uso. Ignoran a propósito que en ningún idioma del universo —para ser igualmente pretenciosos— la literalidad es una condición de ser. Al contrario, todo idioma es altamente poético.

Esto último explica por qué el plural no necesariamente cuantifica: decimos, por ejemplo, un plato de arroz —singular— y un plato de frijoles —plural—. No es lo mismo «qué bonito pelo» —singular— que «qué pelos» —plural—. El *iba* se define como pasado, pero se puede convertir, para jugar con él, en un pasado... mañana, por ejemplo en un «no sé si pueda, porque este jueves que viene *iba* a ir al doctor».

Los desencuentros entre lo cotidiano y lo científico lo viven más claramente los hacedores de diccionarios. Ellos deben decidir entre utilizar sólo criterios culturales o incluir datos científicos. Lo sabemos, normalmente se hacen bolas porque junto con criterios puramente culturales introducen, de manera arbitraria, argumentos científicos.

En el diccionario se señala que el *aguacate* es un fruto —lo que es científicamente cierto—, pero para la gran mayoría de los mexicanos, el aguacate no es una fruta —si me mandan a comprar aguacates no voy a la frutería—. Algo semejante sucede con la flor de calabaza: más que importarnos su naturaleza botánica nos interesa su carácter alimentario. Este dilema entre la cultura y la ciencia es el que hace, por otro lado, que los diccionarios, sobre todo los del español, sean divertidos. Así, el *coyote* es una «especie de *lobo*... del tamaño de un perro»; el *lobo*, un «mamífero carnicero», y el *perro*, «un mamífero doméstico». El *gato*, por su parte, es un «mamífero carnívoro» —lo que nos permite suponer una diferencia obvia entre carnicero y carnívoro—. Finalmente, el *gato montés* es, según el diccionario —porque es fundamentalmente cultural— «una especie de gato» que «vive en los montes», con un detalle cultural más: vive en los montes, pero «del norte de España».

El antidiccionario I

«Me encuentro en un bar. Ya no puedo *uparme*; he bebido 20 botellas de *leudante* y estoy a punto de *gormar*. Le he dado *cháncharras* al asunto, pero estoy decidido: mañana *reptaré* a mi madre y le diré que no obedeceré su *fíat*, que me *hoparé* de la casa, porque no acepta a mi novia, pues afirma que es una *iza dicaz*, que viste como toda una *meteca*, *ababol* y *bayunca*.

Ha dicho que prefiere que me vuelva un *sarasa* a que ande con una *enatía*, *ñonga*, *pavisosa*, *zaragate* con *visaje* de *jurguina*. Piensa que a mi chica sólo le interesa el usufructo de mi herencia para *nantar* su bienestar a costa mía.

Tengo miedo a la *caracterial* respuesta de mi madre y de —a la hora de la *yanta*— comer fuera de la casa *kiko* con *opuncia*. En fin, tendré que ponerme los *quirotecas*, *taucar* mis libros, salir de casa y vivir mi propia vida.»

No cabe duda de que el principio básico de todas las lenguas es el éxito comunicativo; es decir, que el hablante sea comprendido y logre que lo comunicado sea eficiente, y que el oyente entienda completamente el mensaje emitido. Por ello, si no entendió —y hace bien—, o fue poco lo que alcanzó a comprender en mis palabras domingueras, es porque no cumplí este principio del que hablo. En el *DRAE*[1] existen miles de términos, pero normalmente no se utilizan, a menos que se trate de un esfuerzo de erudición o gusto inapropiado por los regionalismos de otros países. Sin embargo, para que nos entendamos y comprendan mi problema, aquí les doy una muestra de lo que he llamado «El antidiccionario de la lengua española».[2]

ababol. *m. U. m. en Aragón. En Navarra, u. c. rur.* Persona distraída, simple, abobada.

bayunco, ca. *adj. Am. Cen.* Tosco o grosero.

caracterial. *adj.* Perteneciente o relativo al carácter de una persona.

chánchＡrras [máncharras]. *f. pl. coloq.* Rodeos o pretextos para dejar de hacer algo.

dicaz. *adj. p. us.* Decidor, aguda y chistosamente mordaz.

enatío, a. *adj. ant.* Ocioso, superfluo.

1 Para la Real Academia Española —cuyo diccionario abreviamos como *DRAE*—, y según su máxima, «Limpia, fija y da esplendor», el objetivo es «fijar las voces y vocablos de la lengua castellana en su mayor propiedad, elegancia y pureza». Sin embargo, para este antidiccionario, lo importante es la comprobación de que el lenguaje requiere ser eficiente.

2 Todas las palabras de «El antidiccionario» están tomadas del *DRAE*.

fíat. *m.* Consentimiento o mandato para que algo tenga efecto.

gormar. *v. tr.* Vomitar.

hopar. *v. prnl.* Irse, huir, escapar.

iza. *f. germ.* Prostituta.

jurguina. *f.* Mujer que practica la hechicería.

kiko. *m.* Grano de maíz tostado.

leudante. *m. Ur.* Cebada o levadura.

meteco, ca. *adj. despect. U. m. c. s.* Extranjero. En la antigua Grecia, extranjero que se establecía en Atenas y que no gozaba de los derechos de ciudadanía.

nantar. *v. tr. Ar.* Aumentar o acrecentar, multiplicar.

ñongo, ga. *adj. despect. coloq.* Dicho de una persona indiscreta.

opuncia. *f.* Nopal.

pavisoso, sa. *adj.* Bobo, sin gracia ni arte.

quiroteca. *f.* Guante.

reptar. *v. tr.* Imputar. Desafiar, retar a alguien.

sarasa. *m. coloq.* Hombre afeminado.

taucar. *v. tr.* De tauca, apilar.

upar. *v. tr.* Levantar, aupar.

visaje. *m.* Mirada, apariencia, aspecto. Gesto, expresión del rostro.

yanta. *f. ant.* De yantar. Comida del mediodía.

zaragate. *m. Am. Cen.* Persona despreciable.

El antidiccionario II

« Escribo este *opúsculo*, que no *fabliella*, porque no *recuso* que tengo el *torozón* y el *acezo* de regresar a casa de mi progenitora. Ahora que vivo con mi novia, me doy cuenta de que mi madre tenía razón cuando decía que era una *yira*, *garrula*, *lanuza* con muchas *zunas*. Dice que tan sólo al verme le da *usgo* e *ictiosis*, y cada dos segundos me da un *como*, además de hacerme *noxa*. Con todo esto me siento en el mismo *báratro*. El otro día me dio un *voleo* tal, que temo que en cualquier momento me *desbride* el cuello o me haga un *huraco* en la *xeca* y no quiero que se cante un *kirieleisón* en los próximos días. Es verdad que soy *elato*, pero tengo que *suadir* a la que me parió para regresar a la *jocundidad*, aunque para eso deba volverme *marioso* o *quinqui*.»

En seguida le presento una muestra más de lo que he denominado «El antidiccionario de la lengua española»,[1] para que así pueda tener una idea clara de cómo terminó la situación que le describí en la primera parte.

acezo. *m.* Acción y efecto de sentir anhelo, deseo vehemente o codicia de algo.

báratro. *m. poét.* Infierno.

como. *m. desus.* Burla, chasco.

desbridar. *tr. Med.* Dividir con un instrumento cortante tejidos fibrosos que, produciendo estrangulación, pueden originar la gangrena.

elato, ta. *adj.* Altivo, presuntuoso, soberbio.

fabliella. *f. ant.* Cuento. Relación de un suceso.

garrulo, la. *adj. coloq.* Dicho de una persona: rústica, zafia.

huraco. *m.* Agujero, abertura.

ictiosis. *f. Med.* Alteración patológica de la piel, que toma aspecto escamoso.

jocundidad. *f.* Alegría, apacibilidad.

kirieleisón. *coloq.* Canto de los entierros y oficios de difuntos.

lanuza. *n. com.* Persona de baja extracción social, que vive engañando y timando a los demás.

marioso. *adj. p. us.* Afeminado.

1 Todas las palabras de «El antidiccionario» están tomadas del *DRAE*.

noxa. *f. ant.* Daño, perjuicio.

opúsculo. *m.* Obra científica o literaria de poca extensión.

quinqui. *n. com.* Persona que pertenece a cierto grupo social marginado de la sociedad por su forma de vida.

recusar. *tr.* No querer admitir o aceptar algo.

suadir. *tr. desus.* Aconsejar, persuadir.

torozón. *m.* Inquietud, desazón, sofoco.

usgo. *m.* Repugnancia, asco.

voleo. *m.* Bofetón dado como para hacer rodar por el suelo a quien lo recibe.

xeca. *f.* Cabeza de una persona.

yira. *f. despect. coloq.* Prostituta callejera.

zuna. *f.* Resabio, mala costumbre.

Adoradora de tautónimos

Provenientes de ταυτος /*tautos*/, que en griego significa «lo mismo», hay varias palabras interesantes y muy particulares; por ejemplo, los sencillitos *tautócromos*, esos cicloides en cuyas curvas se mueve una partícula que, por la fuerza de gravedad, alcanza su punto más bajo; o una *tautología*,

1 La autora agradece a Ignacio Gómez Gallegos la información proporcionada para la redacción de este artículo.

que es repetir un concepto, pero de otras maneras, y de la que nos dio un ejemplo Gonzalo Correas, allá por 1625: «Yo mismo vengo y vuelvo alegre, contento y gozoso» —recuerde que *cantinflear* es un término aparte—; y también está el maravilloso ejemplo de los *tautónimos*, que merecen atención especial.

Un tautónimo es una palabra compuesta por dos sílabas idénticas —o hasta tres— y es precisamente por la sonoridad que provoca —repita *chimachima* varias veces y compruebe que es un ritmo tribal— que se le ha nombrado como «palabra eco». Si bien el término se usa más en la lengua inglesa —*tautonym*—, no fue con esta acepción que se volvió común en español: se designaba como *tautónimo* a esa particularidad, casi una coincidencia, en la clasificación de las especies propuesta por Linneo, como *Bufo bufo* —sapo común— o *Cossus cossus* —oruga de Cossus—. Ahora bien, el concepto de *palabras eco* no tiene una definición en el DRAE, pero sí muchos ejemplos en otros diccionarios, como *El pequeño Larousse: chinchín* —«brindis»—, *coco*, *soso*, *lilí* y otro par.

Lo que es un hecho es que los tautónimos acompañan al castellano, en gran parte, porque surgen de nuestras primeras aproximaciones a la adquisición de nuestra lengua, lo que se conoce como prelenguaje o formas primarias de relación. La familia es el primer grupo que se transforma y se tautonomiza; por ejemplo, de bebé, Victoria rebautizó a su familia: José se llamó *Yeyé*, Roberto era *Loló*, abuelita fue *Kikí*, David mutó a *Viví*, la Chulita fue *Chuchú*, la Gugú quedó en *Gugú*, y Carlos fue sólo *Calito* —para su propia fortuna.

Las onomatopeyas tautónimas

Una onomatopeya —del latín tardío *onomatopoeia*, y éste del griego ονοματοποιΐα, *onomatopoia,* — es «un vocablo que imita o recrea el sonido de una cosa o de una acción», y es peculiar ver que hay onomatopeyas formadas por tautónimos que son similares alrededor del mundo —*cucú*, en español; *coucou*, en francés; *cucu*, en rumano; *kuckkuck*, en alemán— y otras que no son tautónimos, pero que varían muchísimo, aunque se refieran al mismo animal u objeto sonoro —*kikiriki* hace el gallo en español; en inglés *cock-a-doodle-do*; en francés, *cocorico*; etcétera.

Pero las onomatopeyas tautónimas, aun si son propias de una lengua, presentan variaciones dentro de ella, como el caso de Chile, donde se nombra *guagua* a los bebés —del quechúa *wawa*, «niño»— por su manera de llorar; pero, en México, *gua gua* es el perro, nombrado así por la onomatopeya del ladrido: *guauguau*.

A continuación, ejemplos de los tautónimos que son onomatopeyas y con los que nos entendemos bastante bien en la vida diaria:

«Era de noche, los grillos y su *cricrí* característico seguían la caminata de una mujer sola; se escuchaba el *tactac* de sus tacones sobre el pavimento mojado; su vestido hacía *frufrú*. Escuchó un *runrún*, a toda velocidad: un auto la estaba siguiendo; *tactactac*, el corazón casi se le salía del pecho, así que corrió hasta el muelle, donde la campana de abordar de un barco daba un sonoro *tantán*. Faltaban unos minutos para que zarpara, y el reloj no detenía su *tictac*. Vio al enemigo muy molesto sobre el muelle. Ya a salvo, se dio cuenta de que estaba en un bote de fiesta, todos chocaban sus copas: mucho *tintín* y poco *gluglú*».

Otros tautónimos onomatopéyicos son: puro *blablabla* —parloteo sin sustancia—, un *güirigüiri* —parloteo interminable— o *ayayay* —una queja verdadera—. Las risas son un campo aparte: las brujas hacen *caclecacle*; el sonido de una risa explosiva es un *jajajá* y una muy tímida es *jijijí*; una cínica es *jejejé*; una de Santa es *jojojó* y la de Trino es *juarjuar*. Si queremos tararear una canción hacemos *lalalá* y una porra común es *rarrarrá*.

Los otros tautónimos

Existe una proclividad para nombrar las cosas mediante tautónimos, no se sabe si por la musicalidad que desprenden o por lo simple que resulta para la memoria. Por ejemplo, encontramos *Zuazua*, en Nuevo León, región que se nombró así por una referencia al apellido de un general de origen vasco que luchó en la Revolución Mexicana; también está el club chileno de futbol *Colocolo*; la enfermedad de *beriberi*; el pájaro *dodó*; la mosca *tse-tse* y, como éste, otros tantos ejemplos de clasificación taxonómica, eso sí, muy repetitivos.

En asuntos más festivos están las chicas a *gogó* —como Pili y Mili—, las chicas *yeyé* —de pelo alborotado y muchas medias de color—, el pasito *tun tun* y el *Noa Noa* de Juan Gabriel —que invita a todos a ese lugar—, la canción del *bule bule*, el baile del *cancán* —en el que por vez primera se enseñaron las piernas—, los polvos *pica pica* —esos que se volvieron conocidísimos por el «sufre mamón» de los Hombres G—, el *trutrú* de Mauricio Garcés en *Modisto de señoras* (1969), el *cachún cachún* de la Goya de la UNAM, un tautónimo a medias, y otro más —pero peculiarmente autoproclamado—: *José José*, «El Príncipe de la Canción», quien en realidad se llama José Rómulo Sosa.

Los tautónimos son marcas definidas: pedimos un *Tix-Tix* y lo acompañamos con un *Pau Pau*; nuestro detergente es el del *chacachaca* —sí, el de los comerciales de Luis Gimeno—, Walt Disney, para los hispanohablantes, tiene a su ratoncita *Mimí*, la pequeña *Lulú* bebe un refresco que se llama como ella. Esos nombres probablemente sean recuerdos que nos acompañen gran parte de nuestra existencia. Como si no fuera suficiente, amamos a través de los tautónimos, como en la versión castellana de *The Flinstones* —o, más familiares, *Los Picapiedra*— donde Bety llama *Cuchicuchi* a Pablo y viceversa; y conceptualizamos el universo a través de ellos: todos los orientales son *takataka*, cualquier medicamento es un *chocho*, y los dadaístas serán siempre un *dadá*.

Suavizamos las palabras que nos parecen duras y fuertes, hacemos eufemismos con tautónimos: el acto sexual es el *prauprau* —según Brozo—, un estúpido es un *bobo*, una niñera es una *nana*, un niño pequeño es un *nene*, un seno se llama *chichi*, el excremento es *caca* o *popó*, la orina es *pipí*, la saliva es *baba*, un biberon es *bibi*, dormir es «hacer la *meme*», un abuelo es un *tata*, los padres son *papá* y *mamá*... y aquí vale la pena detenerse en este fenómeno, porque es un universal lingüístico el usar tautónimos en estas palabras en comunidades tan dísimiles y alejadas entre sí, tanto cultural como geográficamente, como Kikuyu, al este de África, donde se dice *nana* —«mamá»— y *baba* —«papá»—; Rumania, donde se dice *mama* y *tata*; Turquía, en que son *nana* y *baba*; Kenya: *mama* y *baba*; Cree, Canadá, en que son *mama* y *papa*; y en mandarín: *mama* y *baba*.

Los tautónimos están por todas partes y la relación que llevamos con ellos es de infinita cordialidad. Los buscamos y, en cierto sentido, hasta los preferimos, porque hacen del acto de consumir y de divertirnos una manera más amable de conceptualizar el universo. Hasta las despedidas que son tristes son sólo un *bye bye* o un *tan tan*.

De letras y números...

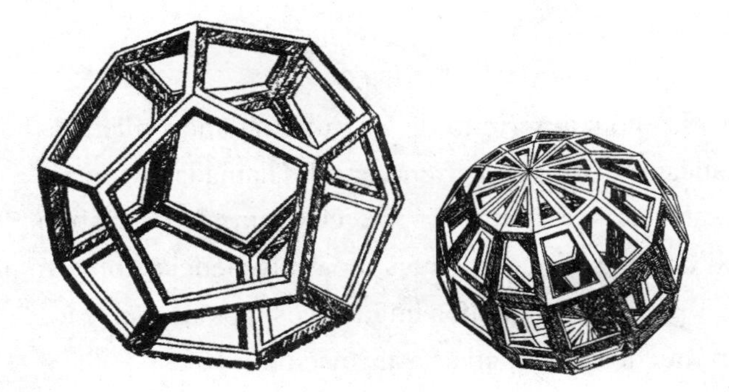

«Por eso me dediqué a las letras». Tal vez usted ha oído esta disculpa anticipada cuando alguien se enfrenta a una operación matemática que, compleja o no, ya le tomó más tiempo del que se esperaría. Y en la esquina contraria están los que se dedican a las ciencias exactas, que se justifican cuando cometen un error ortográfico argumentando «por eso no estudié letras»...

Sin embargo, sea cual sea nuestro campo de acción profesional, los conocimientos básicos y generales de las letras y los números nos acompañan de manera constante —y, podríamos decir, casi inevitable—. Pero, ¿qué tiene que ver nuestra lengua con las matemáticas?

Los números y las letras son viejos conocidos nuestros, pero pareciera que las relaciones entre ellos no fueran amistosas. ¿Cómo hallar, entonces, un punto de encuentro?

Lenguaje científico

La lengua y su estudio son terreno de las humanidades, mientras que las matemáticas y su mundo pertenecen a las llamadas «ciencias exactas». Estas categorías casi siempre aparecen confrontadas cuando en realidad son complementarias, pues todas las ciencias forman su vocabulario a partir de elementos lingüísticos. Los griegos y los romanos tienen mucho que ver en esta afirmación.

Los griegos se plantearon infinidad de preguntas acerca de lo que les rodeaba y de cómo estaba organizado. Ellos llamaban μάθημα, *máthema*, al conocimiento, al estudio en general. De esta palabra derivó el verbo μανθα/νειν, *manthánein*, 'aprender'. El plural de esa palabra μαθήματα, *mathémata*, se usó después para designar al conocimiento por excelencia: la ciencia matemática. Por ello no es extraño que el vocabulario de esta ciencia, y de muchas más, sea de origen griego. Pero, ¿dónde quedan en esta historia los romanos? El Imperio Romano conquistó Grecia y, admirado ante toda su cultura y su ciencia, la asimiló, conservando, en muchos casos, los nombres dados en griego y, en otros, traduciéndolos al latín. Hasta nosotros ha llegado toda esa nomenclatura grecolatina que conforma un vasto porcentaje de nuestro español.

Algunas etimologías matemáticas

Uno de los estudios abarcados por las matemáticas es el de las propiedades y medidas de las formas y el espacio. A esto se le llamó *geometría*, a partir de las palabras griegas γή, *geo*, 'tierra, terreno' y μέτρον, *métron*, 'medida', pues lo que generalmente se medía eran las superficies de los terrenos y el campo —quizás haya oído hablar de la agrimensura—. Pero remontémonos a nuestras clases de educación básica, a nuestros años en la primaria para hacer este recuento más personal y productivo. Los profesores nos hablaban de *polígonos* y trataban de que entendiéramos que son figuras geométricas planas de muchos ángulos y que, al pasar a un plano tridimensional, se habla de multiplicidad de lados o caras. A estas figuras se les llama *poliedros*. En algunos casos los profesores acudían a la explicación etimológica: *polígono*, del griego πολύς, *polyś*, 'muchos' y de γω=νοφ, *gonos*, 'ángulo o rincón', y *poliedro* porque el sufijo ε(/δρα, *edros*, en griego significa 'asiento, base' y también 'cara o lado' de un objeto, así que, etimológicamente, el primero es una figura de muchos ángulos y el segundo una figura de muchos lados.

Después de la definición general, pasábamos a la multiplicidad de variantes y sus nombres. Los nombres de los polígonos se forman con elementos latinos y están dados de acuerdo con el número de ángulos o lados que tienen: *triángulo*, *cuadrángulo*; o por el tipo de ángulo, como en *rectángulo*.

Los nombres de los poliedros, en cambio, se forman con raíces griegas. Para que sea más sencillo recordar cuántos lados o caras tiene cada uno, ¿qué le parece si aprendemos a contar en griego a partir del cuatro?

τε/τταρεφ, *téttares*, 'cuatro'
πέντε, *pénte*, 'cinco'
ε(/χ, *hex*, 'seis'
ε(πτα/, *heptá*, 'siete'
ο)κτω/, *octó*, 'ocho'
ἐννέα, *ennéa*, 'nueve'
δέκα, *déca*, 'diez'

ἕνδεκα, *éndeca*, 'once'
δώδεκα, *dódeca*, 'doce'...
εἴκοσι, *eícosi*, 'veinte'

Es posible que ahora esté pensando, como alguna vez yo lo pensé, lo útil que habría sido saberlo en aquellos años. En fin. Ahora sí, ya podremos decir, sin dudar, cuántas caras tienen el tetraedro, el pentaedro, el hexaedro... ¡y el icosaedro! Y ya que mencionamos los triángulos, analicemos los tres tipos existentes: *equilátero* es el que tiene tres lados iguales y su nombre procede del latín *aequus*, 'igual' —como en *equivalente* y *equidistante*—, y *latus*, *láteris*, 'lado' —como en *colateral* y *unilateral*—. El otro triángulo es el *isósceles*, que tiene dos lados largos iguales y uno desigual, que forma su base; su nombre está formado de elementos griegos: ι)/σοφ, *isós*, 'igual, semejante' —como en *isomorfismo*—, y σκέλος, *skélos*, 'pierna'. Entonces este triángulo recibe su nombre a partir de sus dos lados iguales —semejantes a piernas—. Y el último tipo, el triángulo *escaleno*, en griego σκαληνός, *skalenós*, 'cojo, desigual', como la longitud de cada uno de los tres lados de este polígono.

Otro día de clases

Y nuestras clases seguían y seguían, interminables. La voz del profesor anunciaba: «El tema de hoy es la circunferencia», y empezaba la exposición de sus muchas líneas con nombres raros, que no lo serían tanto si nos presentaran simultáneamente su etimología: la línea que corta la circunferencia en uno o más puntos se llama *secante*, palabra que procede del verbo latino *secare* que significa 'cortar'.[1] Esta palabra

1 No debe confundirse con otra palabra latina: *siccus* de la que derivan en español palabras como *secar* que es dar a algo la característica de seco, como en «papel secante».

está relacionada con el vocablo *sección*, la parte resultante de una división y con *disección*, que es cortar algo en dos partes. Por cierto, *bisectriz* es la línea que corta en dos, y *mediatriz* la que la corta por la parte media —o sea, por la mitad—. Interesante, ¿no?

La línea «que toca» a la circunferencia sin atravesarla se llama *tangente*, y su nombre proviene del verbo latino *tango*, 'tocar'. Seno es una curvatura, un pliegue, un arco. Y quizás esté pensando en *cotangente* y *coseno*… Para hacer interactivo este artículo, ¿podría determinar su etimología?

Como vemos, las indagaciones etimológicas, además de útiles, suelen ser sorprendentes, ya que ningún saber está aislado del resto. Si analizáramos las relaciones de una materia con otra, de un conocimiento con otro, el proceso de aprendizaje sería más fácil y productivo, ¿no lo cree?

MÁS ETIMOLOGÍAS GEOMÉTRICAS

axioma. Del gr. ἀξίωμα, *axioáma*, y éste de ἄξιος, *axios*, 'adecuado'; proposición evidente.

binomio. De *bi-* y el gr. νομός, *nomós*, 'parte, porción'; expresión compuesta de dos términos algebraicos unidos por los signos más o menos.

cateto. Del gr. κάθετος, *káthetos*, 'perpendicular'; cada uno de los dos lados que forman el ángulo recto en un triángulo rectángulo.

diámetro. Del gr. διάμετρος, *diámetros*, y éste de διά, *diá*, 'a través' y μέτρου, *métron*, 'medida'; segmento de recta que pasa por el centro de un círculo.

hipérbola. Del gr. ὑπερβολή, *hiperbolé*, y éste de υπερ, 'por encima de' y βολή, *bolé*, 'tiro', medida de distancia'; lugar geométrico de los puntos de un plano cuya diferencia de distancias a dos puntos fijos llamados *focos* es constante.

hipotenusa. Del gr. ὑποτεινουσά, *hipoteínousa*, y éste de υπο, *hipo*, 'debajo' y τείνειν, *teínein*, 'alargar'; lado opuesto al ángulo recto de un triángulo rectángulo.

parábola. Del gr. παραβολή, *parabolé*, y éste de παρά, *pará*, 'cerca, junto' y βάλλω, *bállo*, 'arrojar'; lugar geométrico de los puntos del plano equidistantes de una recta y de un punto fijos.

trigonometría. Del gr. τριγωνομετρία y éste de τριγωνον, *trigonon*, 'triángulo' y μέτρον, *métron*, 'medida'; estudio de las relaciones numéricas entre los elementos que forman los triángulos planos y esféricos.

Todo es número[1]

Desde el inicio de la historia, el hombre ha hecho de los números su materia prima para sistematizar lo que le rodea y hasta sus pensamientos. Los números han sido de importancia capital, no sólo porque con él contabilizamos el tiempo, sino porque acciones, deseos, gustos y disgustos que nos acontecen en la vida cotidiana tienen que ver íntimamente con estos signos.

«Todo es número», reza la divisa pitagórica. *Uno* en griego es μόνος, *mónos*, que también significa «uno solo»; de μονάρχης,

1 Tomado de: la columna «Logomaquias» del periódico *Excélsior.*

monárkhes, viene *monarca*; es decir, de la unión de μόνος, *mónos*, y ἀρχή, *arkhé*, «yo mando»; es decir, «yo mando solo» o, siendo políticamente correctos, «gobierno de uno solo».

Uno en latín es *unus*; de *nec unus* se formó *ninguno*, y de *aliquis unus, alguno*. También de *unus* viene *universitas* y de ahí *universidad*, que significa «vertido en uno». Este término originalmente significó la unicidad de cualquier gremio o corporación, hasta que se identificó con el gremio de maestros y alumnos.

Dos en griego es δίς, *dís*-; de ahí *diploma*, porque originalmente era un certificado que constaba de dos placas de plomo unidas y que se daba a los soldados cuando obtenían su licencia. Refieren por ahí que también en los concursos de tarugos se dan dos diplomas, el original y la copia, por si pierden el primero. En latín es *dŭŏ* y de ahí el verbo *dubitare*, «dudar», de donde vienen *duda* y *dubitativo*; recordemos el *«dubicio ergo cogito, cogito ergo sum»* —«dudo, luego pienso; pienso, luego existo»— de Descartes.

También el prefijo latino *bi*- nos sirve para expresar la idea de dos o de doble. De ahí *bíceps*, palabra formada por el referido *bi*-, 'dos', más *căpŭt*, *capĭtis*, 'cabeza'; es el nombre de sendos músculos del brazo y de la pierna que en su intersección tienen dos tendones —o «cabezas»—; por cierto que *bíceps*, *tríceps* y *fórceps* son tres palabras que, por excepción, a pesar de ser graves y terminar en ese, llevan acento escrito. *Bikini*, sin embargo, nada tiene que ver con el prefijo *bi*-; esta prenda fue invento del diseñador francés Louis Réard, quien la bautizó así en honor al atolón de Bikini, que por esa época adquirió gran renombre por ser campo de pruebas nucleares. Tampoco *bigote* se deriva del prefijo latino *bi*-; parece ser que, durante el imperio de Carlos I de España y V de Alemania, los grandes bigotes de los germanos impresionaron a los españoles, y como aquéllos imprecaban *«by Got!»*, señalando el espacio entre la mano y la boca —«¡por Dios!»—, llamaron *bigote* al bigote. Empero, como la palabra ya aparecía en el *Diccionario de Nebrija*, publicado en 1495, y el imperio de Carlos I de España y V de Alemania es del siglo XVI, lo más probable es que la palabra hubiera llegado a través de Francia, ya que los galos llamaban *bigot* a los normandos, que también tenían impresionantes folículos pilosos entre nariz y labio. El prefijo latino *tri-* da lugar a muchas palabras. De las etimologías más atinadas está la de *trabajo* —de *trĭpāliare*, 'torturar'—; ésta a su vez proviene de *trĭpālium*, literalmente, 'tres palos'. No piense el lector que se trata de alguna hazaña erótica, el *trĭpālium* era un aparato formado por tres palos cruzados que usaban los romanos, inicialmente, para sujetar animales, aunque no faltó uno más ingenioso que lo usara para sujetar a los esclavos cuando eran azotados, de modo que de *trĭpālium* surgió el verbo *trĭpāliare*, y así pasó al español antiguo la palabra *trebajo*, «dolor, esfuerzo, sacrificio», el verbo *trebajar* y, de aquí, *trabajo* y *trabajar*. De los prefijos *tri-* y *tertis-* viene *testis*, con lo que se aludía a la tercera persona que estaba presente en un acontecimiento. El *testis* latino da lugar a las palabras *testigo*, *atestiguar*, *testificar* e, incluso, *testar*. Lo que resulta curioso es que de aquí proviene también el término *testículo*,[2] para unos porque, cuando los romanos deponían un testimonio, se asían de esas partes nobilísimas para afirmar que los ponían en prenda de su dicho, cosa que, desde luego, aminoraba de manera notable las declaraciones falsas; sin embargo, los más ínclitos filólogos afirman que nuestras «partes nobles» o, mejor dicho, «nuestras partes dobles», se llaman así porque eran testigos, «la prueba» de que el recién nacido era varón, cosa muy importante para pueblos guerreros como los romanos.

---

2 v. «Calígula y los escrúpulos», en *Está en chino*, COLECCIÓN ALGARABÍA, México: Lectorum y Otras Inquisiciones, 2007; pp. 25-28.

De *tris*- también provienen *triscaidecafobia*, que es la fobia al número 13.[3] Para algunos, el trece es tabú, porque Jesús fue el apóstol número trece; sin embargo, para la mayoría el mal agüero del número se debe a que precisamente en un viernes 13 fueron arrestados en masa los Caballeros del Temple, o templarios, incluyendo a Jacques de Molay, su gran maestre. Se le había acusado de idolatría, sacrilegio contra la Santa Cruz y herejía, y fue aprehendido por órdenes de Felipe IV de Francia, «El Hermoso», y del papa Clemente V, a quienes De Molay maldijo con tanto tino que rey y papa murieron antes de un año. Pero ya no le sigo con el número 13, porque, entre más escribo, más me crece... este artículo.

Todo es número y para muestra basta con el botón de estas expresiones que usamos a diario:

Multiplicarse por cero. Desaparecer, irse.

Cero que ver. Que no viene al caso o no tiene nada que ver.

Al cuarto para la una. A la última hora, al «aventón».

En un dos por tres. Hacer algo rápida y fácilmente.

Estar dos, dos. Pasarla más o menos, encontrarse no muy bien.

Dos tres. Que no está muy bueno —se aplica tanto a personas como a cosas o circunstancias.

Hacer mal tercio. Estorbar —sobre todo cuando se está en medio de una pareja y no se les permite «proceder».

Buscarle tres pies al gato. Complicarse las cosas.

La tercera es la vencida. Luego de haber fracasado dos veces, no puede haber falla.

3 v. *Algarabía* 22, noviembre-diciembre 2005, TRIVIA: «Las fobias más peculiares I»; pp. 20-22.

No es lo mismo los tres mosqueteros que 20 años después. Explicación que se le da a alguien mayor que quiere hacer algo que, por la edad, a lo mejor ya no puede realizar.

Andar en cuatro. Estar borrachísimo.

Poner un cuatro. Boicotear, tender una trampa.

Llevarse de a cuartos. Tener una relación excelente.

Darle el cuarto. Darle el ataque, el infarto, de la impresión.

No hay quinto malo. Éste es el bueno, no puede salir mal.

Estar de quinta. Algo que es de pésima calidad.

Quedarse de a seis. Quedarse pasmado de la sorpresa.

Salir con su domingo siete. Embarazarse antes de casarse. Regarla, y gacho.

Ni qué ocho cuartos. Frase para enfatizar una prohibición.

Estar de diez. Ser o estar excelente.

Caer el veinte. Entender algo, que la información haga sentido.

Fifty, fifty. Mitad y mitad.

A las quinientas. Después de muchísimo tiempo.

Vales mil. Eres muy, pero muy valioso(a).

De mil amores. Hacer algo con muchísimo gusto.

100% suéltame. Déjame en paz.

Licha, Poncho, Concha y Moncho: los hipocorísticos

Todos le hemos cambiado el nombre alguna vez a nuestros familiares, amigos y compañeros de escuela o trabajo. Muchas veces les ponemos apodos y otras simplemente recurrimos a la forma cariñosa de sus nombres de pila, que, a diferencia de los primeros, son de uso común.

Estos nombres cariñosos son conocidos como *hipocorísticos*, término que, desde su origen etimológico —del griego ὑποκοριστικός, *ypokoristikós*, 'acariciador'—, muestra su concepción de tersura y halago. En muchos casos se constituyen a partir del diminutivo del nombre —*Juan* = *Juanito*; *Perla* = *Perlita*—; otras veces, se forman a partir de los apócopes, mediante la supresión de las últimas sílabas —*Modesta* = *Mode*; *Federico* = *Fede*—, o de la aféresis, eliminando el principio del nombre —*Lorenzo* = *Enzo*; *Fermina* = *Mina*—, como se hace regularmente en España, donde también es usual recurrir a las terminaciones *-ón*, para los nombres masculinos —*Antonio* = *Antón*; *Manuel* = *Manuelón*—, y *-uja* o *-uca*, para los femeninos —*María* = *Maruja*; *Pilar* = *Pilaruca*—. También tomamos prestados nombres de otras lenguas —como del inglés: *Dany* = *Daniel* o *Daisy* = *Margarita*— para «acariciar» verbalmente a alguien, o solemos recortarlos y agregarles una *y* final —*Leticia* = *Lety*; *Gabriela* = *Gaby*; *Patricia* = *Paty*.

Pero los hipocorísticos no son exclusivos de esta lengua, pues prácticamente todas los usan; por ejemplo, en inglés les dicen *Bill* a los *William* o *Mickey* y *Mike* a los *Michael*; en francés a los *Pierre* les dicen *Pierrot* y *Sacha* a los *Alexandre*.

Y es que, además de su sentido afectivo, los hipocorísticos obedecen a la necesidad de simplificación que tiene el independizarse tanto del nombre original que se deslindan de la connotación afectuosa que los originó —*Margarita* = *Rita*, donde el segundo se convirtió en nombre propio.

En México tenemos muchos casos de hipocorísticos, pues, como en ningún otro país, recurrimos a la cordialidad más que a la cortesía para parecer más amables, más cálidos y menos severos en nuestras peticiones. Y no es de extrañar que, de entre todos ellos, abunden los que llevan la letra *ch* —*Ramón* = *Moncho*; *Alfonso* = *Poncho*; *Concepción* = *Concha*; *Alicia* = *Licha*—, o que, cuando el nombre es corto y no se presta a más recortes, le agreguemos la terminación *–iux* —*Karla* = *Karliux*; *Sandra* = *Sandriux*.

He aquí una muestra de ello, aunque, habría que tomar en cuenta lo que nos dice Margarito Ledesma: «Hasta hoy, después de tantos años de conocerlo, y eso por una mera casualidad, vine a saber que ese señor que siempre he conocido como *Don Paco* se llama *Francisco*. Yo no sé de dónde saca la gente esos modos y esas mañas de andar cambiando los nombres nomás a ojo. ¡Don Paco! ¡Don Paco! ¿Quién iba a adivinar que se llamaba *Francisco*? Santo y muy bueno que a las que se llaman *Jesús* les digan *Chuchas* o *Chutas*; a las *Refugios*, *Cucas*; a las *Josefinas*, *Pepitas*; a las *Mercedes*, *Meches*; a las *Manuelas*, *Memes*; a las *Cármenes*, *Mimís*; a los *Enriques*, *Totos*; a los *Josemarías*, *Chemas*, y así por el estilo, porque todo eso está muy clarito; pero, ¿en qué cabeza cabe decirle *Paco* a uno que se llama *Francisco*? ¡La verdad que se necesita estar dejado de la mano de Dios para hacer eso! En fin, más vale callarse y no decir nada».[1]

algunos hipocorísticos masculinos

Adolfo	Fito
Alejandro	Ale, Alejo, Álex
Antonio	Tony, Toño
Carlos	Car, Carlangas, Charly
Cecilio	Chilo
Dionisio	Nicho
Eduardo	Lalo
Encarnación	Chon
Enrique	Henry, Quique
Ernesto	Neto

1 Margarito Ledesma, Poesías, México, 1990; p. 198.

Fernando	Fer, Fercho, Ferruco, Nando
Francisco	Curro, Frankie, Paco, Pancho, Quico
Gonzalo	Chalo
Gregorio	Goyo
Guillermo	Guille, Memín, Min, Memo
Ignacio	Nacho, Iñaki
Isidro	Chiro, Isi
Jesús	Chucho, Chuy
Jorge	Coque
José	José, Pepe, Pepín, Pepino, Pepinillo, Pepito
José Antonio	Pepeto, Pepetoño
Juan José	Juanjo
Leopoldo	Leo, Polito, Polo
Lorenzo	Lencho
Luis	Güicho, Huicho
Manuel	Lolo, Malo, Manolete, Manolo, Manu, Manuelón, Manny
Mario	May, Mayo, Mayín, Mayito
Miguel Ángel	Male, Malele
Narciso	Chicho
Ramón	Mon, Monchis, Moncho
Refugio	Cuco
Ricardo	Richard, Richi, Richo, Ricky
Roberto	Beto, Bob
Rodrigo	Rodri, Roy
Rosalío	Chalío
Salvador	Chava, Savi
Santiago	James, Santi, Yago
Sebastián	Sebas, Chebs
Sergio	Checo

Tomás	Tom, Tommy
Valentín	Titín, Vale, Valen
Vicente	Chente

algunos hipocorísticos femeninos

Agustina	Tina, Tinita
Alicia	Ali, Licha
Antonia	Antonieta, Toña, Toñeta, Toñita
Araceli	Cheli, Chelina
Aurora	Bora, Rorra
Carmen	Carmela, Carmenchu, Carmina, Menchu
Concepción	Concha, Conchis, Conchita
Consuelo	Chelo
Cristina	Chris, Cris, Crista, Cristin, Tina
Dolores	Dolly, Lola, Lolis
Elizabeth	Bess, Bessy, Beth, Eli, Liz, Lizzy, Netty
Encarnación	Chona, Encarna, Encarni, Nita
Éricka	Kika
Esperanza	Espe, Lancha, Pelancha, Zita, Pera
Francisca	Fanny, Francina, Francis, Paquita
Graciela	Chela
Guadalupe	Lupana, Lupe, Lupita, Pita
Inés	Sita
Inocencia	Chencha
Isabel	Bel, Bela, Chabela, Chabeli, Isa
Josefina	Chepina, Fina, Jose, Sefi
Lidia	Lili, Lilicha
Lorenza	Lencha
Lourdes	Lulú

Magdalena	Magda, Magos, Malena
Marcela	Chela, Marce
Margarita	Daisy, Maggie, Marga, Márgara
María	Mari, Mariana, Marichu, Mariona, Maruca, Maruja, May
Mercedes	Meche
Pilar	Pila, Pilarica, Pilaruca, Pileta, Pili, Pilo, Pilos, Pilote
Refugio	Cuca
Rocío	Chío
Rosa	Ros, Rosita, Rosy
Rosario	Charito, Chayo, Rosa
Silvia	Chiva, Chivis
Socorro	Coco
Sofía	Chofis, Chopi, Sofi
Soledad	Chole
Victoria	Vicki, Totoya, Toya, Toyis, Toyota, Pitoya
Yolanda	Yola, Yolis

Los gases del oficio II

—y más frijolidades—[1]

Quienes hablamos todos los días, llevamos un registro en la memoria de aquello que escuchamos para relacionarlo con lo que ya sabemos y lo incorporamos a nuestro acervo cultural; sólo que a veces por ruido perceptual, por mal oído, por falta de atención o, sobre todo, por creer enormemente que el vocablo en cuestión, nuevo para nosotros, proviene de otro reconocido, define lo percibido y se repite con

1 *Gases* en lugar de *gajes, y frijolidades* en lugar de *frivolidades*. v. «Los gases del oficio —y otras frijolidades—», en *Está en chino*, Colección Algarabía, México: Lectorum y Otras Inquisiciones, 2007; pp. 93-96.

errores que producen lo que hemos denominado una *frijolidad*.[2] Este neologismo surgió conforme las aportaciones llegaban entre risas y nos obligaban a compartirlas con los lectores.

Tal vez la ignorancia —que no es motivo de vergüenza— y la pretensión —que sí lo es—, combinadas con falta de atención, forman una mezcla más efectiva que el gas hilarante, lo que da como resultado el humorismo involuntario. Así que, a petición popular, aquí van las recientes adquisiciones.

FRIJOLIDADES DISLÉXICAS

❖ Un estudiante de la carrera de nutrición explicaba a sus compañeros que determinados ingredientes se incorporaban a la preparación «a ojo de *buey culero*».

❖ Una vecina —por extrañas analogías— combinaba la palabra *bandeja y vasija* para echar a la calle una «*sabandija* de agua».

❖ El consejo pontifical del bolero: «Mire, joven, como dice el Viejo *soberbio* chino». ¿Se referiría a Mao o a Confucio?... ¡Habiendo tanto proverbio!

❖ «Prefiero no ir, porque esta semana no estoy muy *follante* que digamos», decía una dama explicando a sus amigas por qué no asistiría a una comida... Quizá su condición de poco *follante* —en vez de *boyante*— era la causa de su transitoria situación económica.

 «Una *vil* coca...», dicho por una oficinista para quejarse de que el salario recibido era una bicoca.

2 A este fenómeno se le conoce como «etimología popular», que es la interpretación espontánea de una palabra, relacionándola con otro término o raíz.

- La nueva cocinera de la tía Vipo de mi amigo Javier aprendía sus secretos culinarios y muy orgullosa le decía: «Ahora sí, señorita Vipo, la pasta quedó *ardiente*», en lugar de *al dente*.

- O todas éstas en tropel, que encontramos todos los días: *redline*, por *deadline*; *censo*, por *consenso*; «así está la *sitioacción*», por *situación*; *reterendum*, por *referéndum*; «me causa *irrealidad*», en lugar de *hilaridad*; «me pone *tieso*» en lugar de «me pone *tenso*»; «me dio el *traumafat*», en lugar del *tramafat*; «me saca del *guiso*», en lugar de «me saca de *quicio*»; «no *hay* lugar», en los juicios, en lugar del «no *ha* lugar»; etcétera.

LA MEDICINA Y SU FRIJOLIDAD

Y hay quienes, al hablar de temas ginecológicos, se enredan con los términos «científicos» y dicen que la adolescente «salió premiada», al querer decir *preñada*; o la cincuentona, a quien además ya le llegó la *mesopotamia*, que se queja de que su marido es *imponente* en lugar de *impotente*.

O éstos, extraídos de los pasillos de una delegación: «Tiene que pasar con el médico *florense*», mientras una mujer era atendida, porque le dio un *simposium*.

LARALALÁS

En las letras de las canciones hay también una veta riquísima de expresiones desvirtuadas, y el fraseo y la música ponen un condimento adicional. Oigamos:

En el tango «El día que me quieras» de Gardel y de Le Pera hay una frase que dice: «Y un rayo misterioso hará nido en tu pelo,

luciérnaga curiosa que verá que eres mi consuelo», aunque hubo quien entendió: «Y un rayo misterioso, *arácnido* en tu pelo, luciérnaga furiosa...», etcétera.

En «La gloria eres tú», de José Antonio Méndez, la letra dice: «Bendito Dios, porque al tenerte yo en vida, no necesito ir al cielo tisú». Pero en esta «versión», el intérprete prefirió salir ganando con el beneficio inmediato: «Bendito Dios, porque al tenerte yo *encima*, no necesito ir al cielo *si tú*...».

Las hay también de corte religioso. El canto original es: «Adiós, ¡oh, madre mía, madre del Salvador!...», mientras que un feligrés distraído cantaba: «Adiós, comadre mía...».

Y otro señor cambió lo profano por lo sagrado en «amor, adiós, no se puede continuar...», que él interpretaba como «amor *a Dios*, no se puede continuar...».

Entre los niños son muy comunes estas versiones modificadas. Por ejemplo, al entonar con fervor patriótico el Himno Nacional, una encantadora niñita decía:

«¡Mexicano sangrito de guerra...!», mientras otro niño cantaba: «...al sonoro rugir del camión». De hecho, la falta de explicación magisterial es tan evidente en el caso del Himno, que nos ha llevado a considerar a «Masiosare» como «un extraño enemigo».

También está mi sobrino, quien en alguna ocasión le pidió a mi hermano: «Papá, ¡pon otra vez la canción del cara de loco!», y cuando le preguntamos a qué canción se refería, cantó con la música veracruzana del «Jarabe loco»: «Éste es el cara de loco que a los muertos resucita. Salen de la sepultura moviendo la cabecita...».

¿Y la incógnita que intrigaba a un niño —hoy exitoso compositor— al oír «Ella» de Guty Cárdenas?: «No sé por qué soy oso y tiemblo…», en lugar de «sollozo y tiemblo». Por último, uno más hablaba de «un pescado comodín» en la conmovedora «Negrita Cucurumbé» de Cri-Cri, quitándole la dignidad —y el bombín— al pescado.

Así que ¡a parar oreja! y a poner atención para recolectar estas perlitas de humor accidental, y no olvide compartirlas con nosotros, que nos preciamos de ser sus amigos *ínfimos*.

¡Largad el trapo!

—el léxico de los barcos de vela—

Usted, ¿alguna vez ha viajado en barco? Y no, no nos referimos a esos cruceros modernos que lo llevan a uno de compras por las transparentes aguas del Caribe y otros mares más lejanos, sino a uno de vela, de los de antes; de esas hermosas embarcaciones que solemos ver en las películas de piratas. Seguramente no, pero, aun si no ha gozado de esta experiencia, ¿no le gustaría despejar las dudas acerca de la jerga peculiar de la que el cine y la literatura nos han hecho involuntarios partícipes?

Cuando uno lee novelas de piratas y aventuras en el mar, se topa de golpe con párrafos de belleza innegable, pero arcana, para un distraído neófito. La emoción de las maniobras navales se trunca entonces por el desconocimiento del léxico de los barcos de vela, y es muy incómodo detenerse en el fragor de una batalla para acudir al diccionario cada vez que el Corsario Negro dicta nuevas órdenes para maniobrar *El Rayo*. Más aún cuando las definiciones no son suficientemente gráficas, o bien, requieren de contexto.

Para estos casos, encontré un paliativo en el *Diccionario marítimo*[1] que resolvió mis dudas más importantes y que, mediante algunos diagramas, me permitió aprender y gozar el sentido de los vocablos de los barcos de vela que, además, en español son fonéticamente hermosos. Por ello, lo invito a explorar este léxico.

Lo básico

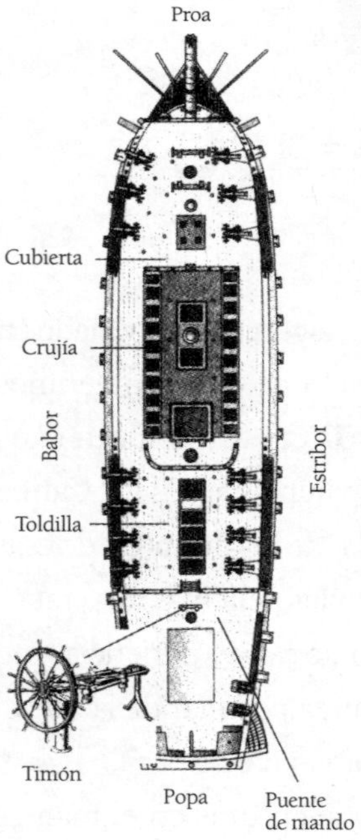

Proa es la parte delantera de todo barco, mientras que la *popa* es la trasera. Lo que esté a la izquierda del barco se denomina *a babor*; lo que está a la derecha, *a estribor*. La cubierta tiene el mismo nivel en todo el barco excepto en el *castillo de proa*, la parte de la cubierta más elevada que el resto en la parte frontal, y el *castillo de popa*, en la parte trasera. Sobre el castillo de popa se encuentra el *timón*: *redondo* cuando tiene forma de rueda con empuñaduras, y *de caña*, cuando es una barra horizontal que se gira a izquierda o a derecha. A esta área se le designa *puente de mando* —allí, el capitán dirige a sus marineros y domina la cubierta desde su estratégica vista.

1 Julián Amich, *Diccionario marítimo*, Barcelona: Juventud, 2003.

El casco y la cubierta

En estos barcos, la estructura del casco es similar a la de un torso humano: tiene una columna vertebral de la cual se desprenden las costillas y, sobre éstas, se clavan las tablas que aíslan su interior del agua. La pieza que equivale a una columna vertebral tiene tres nombres: al frente —cuando emerge del agua— se le llama *roda*; al fondo —bajo el agua—, *quilla*, y atrás, en la popa, *codaste*. El conjunto de costillas se llama *costillar* y el de tablas de madera que cubren las costillas, *cuaderna*. La *amura* es la parte donde el casco se estrecha para formar la proa y la *amurada*, la parte interior del casco. *Calafatear* el barco consiste en rellenar con estopa y después sellar con alquitrán las uniones de las tablas para impedir las filtraciones. La longitud de un barco se conoce como *eslora*, el ancho, *manga*, y se le llama *baranda* o *barandilla* al conjunto de pasamanos y *candeleros* que evitan caer por la borda. *Crujía* es la parte central de la cubierta, de proa a popa, y *toldilla* es el tramo de la cubierta entre el *palo de mesana*[2] y la popa.

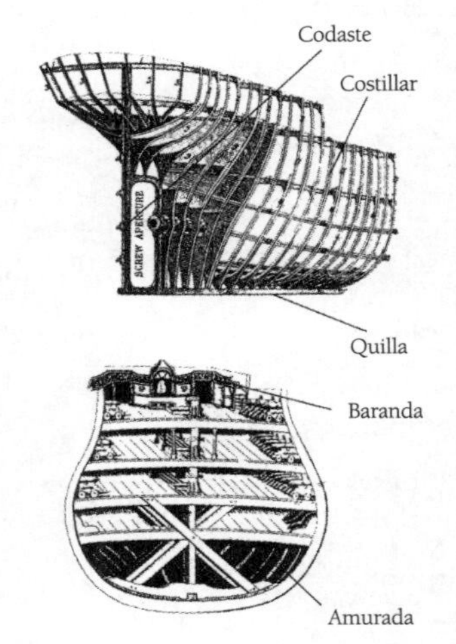

Con respecto al equipo que se requiere para navegar con el soplo del viento, se designa como *aparejos*[3] a la combinación o

Balandra

2 El palo que se encuentra más cercano a la popa.
3 De ahí la frase: «Ya nos llegó el agua a los aparejos».

equipamiento de mástiles, velas y cuerdas que permite distinguir los diferentes tipos de veleros. Por ejemplo, una *fragata* tiene tres palos verticales con velas horizontales, mientras que una *balandra* tiene sólo uno y con velas triangulares.

> *Gracias a su serenidad y excelente condición física,*
> *realizaba una gran labor en la arboladura.*
> *Su puesto estaba en la cofa del trinquete; y desde allí*
> *solía dirigir la mirada, con el desdén propio*
> *de alguien destinado a brillar entre mil peligros.*
>
> *Lord Jim*, Joseph Conrad

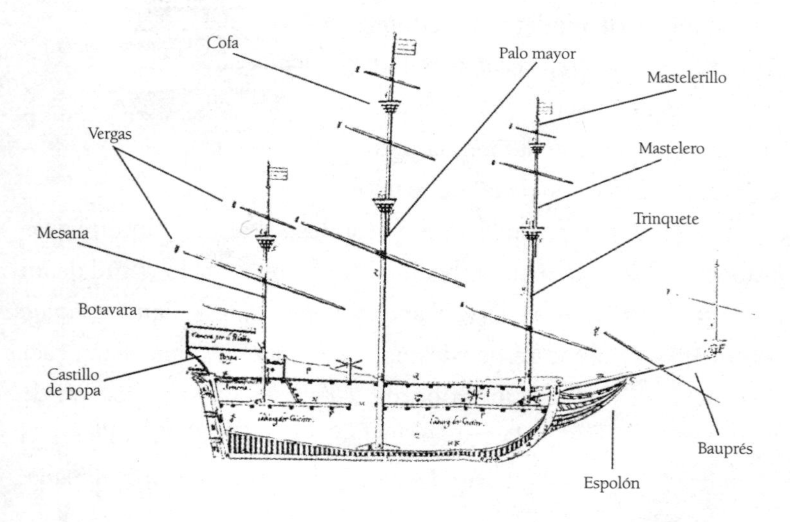

La arboladura

El conjunto de palos que sostienen las velas se conoce como *arboladura*. Uno de los palos verticales —*mástiles*—, el situado al centro, es el *palo mayor*, y es el más alto y fuerte. El delantero, hacia la proa, es el palo *trinquete* y el que está atrás, el de *mesana*. Las *vergas* son los palos horizontales a los que se atan las velas. El palo diagonal

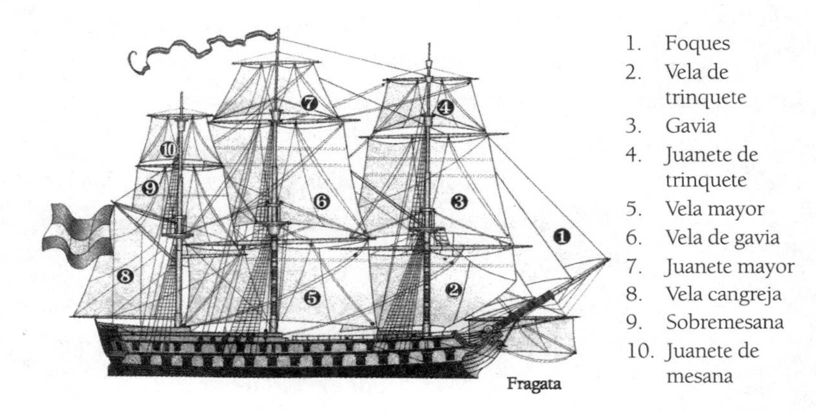

que emerge de la proa como un pico se llama *bauprés*. Por debajo de éste los galeones contaban con un *espolón*, protuberancia que servía de arma para embestir el costado del barco enemigo. La *cofa* es una meseta formada por tablas colocadas en dirección de proa a popa, sujetas con barrotes que sirven para asegurar las cuerdas de los palos y facilitar la maniobra de las velas.

El velamen

Las velas reciben nombres de acuerdo con su forma y posición. Cuando las velas triangulares están atadas entre el *bauprés* y el *trinquete* se llaman *foques*, pero cuando esas mismas velas se sitúan entre dos palos verticales se denominan *estays*. Las velas rectangulares reciben nombres a partir de dos variables: la altura a la que son colocadas —*juanete*, *velacho*, *gavia*— y el palo en el que se encuentran.

En la parte trasera del barco está la vela *cangreja*. De forma trapezoidal, va atada a una *L* formada por el *palo de mesana* —vertical— y la *botavara*, palo horizontal que se desprende del palo de mesana. En cuanto a la actividad relacionada con las velas, *izar* es la acción de hacer subir una vela tirando de la cuerda de que está colgada, mientras que *arriar* es hacerla bajar con el mismo método. *Largar* es aflojar las velas poco a poco. Las velas *gualdrapean* cuando el viento inconstante las hace golpear los palos y las cuerdas.

> *La* Hispaniola *orzó de repente. Los foques, detrás de mí, restallaron ruidosamente; el timón dio un bandazo; todo el barco se inclinó con una sacudida mareante, y, al mismo tiempo, la botavara dio la vuelta hacia el otro costado, chirriando la escota entre las garruchas,*[4] *y me dejó ver el lado de barlovento de la cubierta.*
>
> *La isla del tesoro,* Robert Louis Stevenson

La cabullería

Cabullería es el conjunto de cuerdas del barco, y *cabo*, cualquier cuerda que se emplea a bordo. *Jarcia* es el conjunto de cuerdas que sirven para sostener la arboladura y maniobrar las velas, y *cabo de labor* es cualquier cuerda usada para realizar maniobras; un ejemplo es la cuerda empleada para izar las velas —*driza*—. El *cabrestante* es un torno giratorio para levantar grandes pesos: mediante la acción de palancas se le hace girar, enrollando en él la cuerda que jala el peso que se quiere alzar. A las poleas simples se les llama *garruchas*, y a las compuestas, *motones*. Para dar firmeza a los mástiles, su punta se fija con ambos costados del buque mediante

Cabrestante

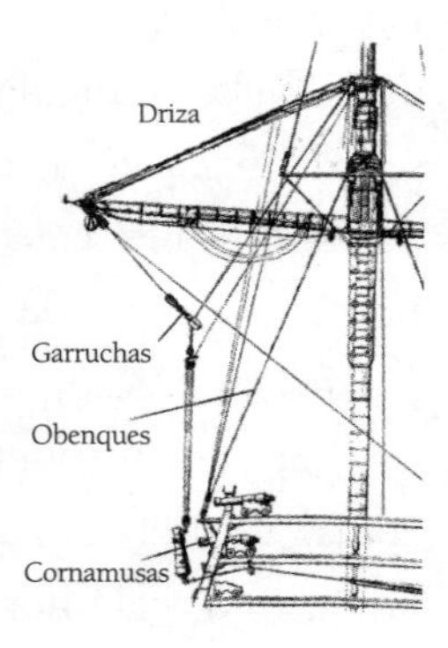

4 Polea que se emplea para envergar las velas.

cuerdas gruesas y muy tensas que se llaman *obenques* —son ejemplo de *cabo firme*; es decir, que rara vez se tocan—. Las cuerdas se amarran a las *cornamusas*, piezas en forma de *t* afirmadas a la cubierta. Las *escalas* son escaleras hechas de cuerdas anudadas, por las cuales los marinos suben a los mástiles, y las *amarras* son las cuerdas que atan el barco al muelle.

Garruchas

Las maniobras

Zarpar es *levar* el ancla y partir; *fondear* es dejar caer el ancla hasta el fondo del mar; *atracar* significa arrimar el buque a la orilla del muelle; *estibar* es cargar o descargar el barco, o bien, distribuir convenientemente el peso de la carga que lleva. El barco *cabecea* cuando sube y baja de proa a popa, y *escora* cuando se inclina sobre alguno de sus costados. *Barlovento* es navegar en la dirección del viento; *sotavento*, en la dirección contraria. Colocar un buque *al pairo* es inmovilizarlo sin arriar las velas —éstas se orientan de modo que unas anulen la acción de otras.

Ancla

La distancia recorrida sin cambiar la orientación de las velas se conoce como *bordada*; también puede referirse al intervalo de tiempo que duran las velas sin cambiar de posición. *Virar de bordo* es cambiar la orientación de las velas. *Orzar* es girar el barco para disminuir el ángulo entre su quilla y la dirección del viento, y *capear* significa mantenerlo inmóvil para soportar una tormenta. Colocar el barco *al socaire* significa protegerlo; es decir, resguardarlo de las inclemencias del tiempo o la batalla.

Escorar

A cada lado del alcázar de popa del
Pequod, *y junto a los obenques de mesana, había taladrados en las tablas unos agujeros de media pulgada de profundidad. Ahab metía en uno de ellos su pata de marfil y, cogido a un obenque, se mantenía muy tieso, mirando fijamente por encima de la cabeceante proa del navío, imperturbable…].*

Moby Dick, Herman Melville

Los nudos

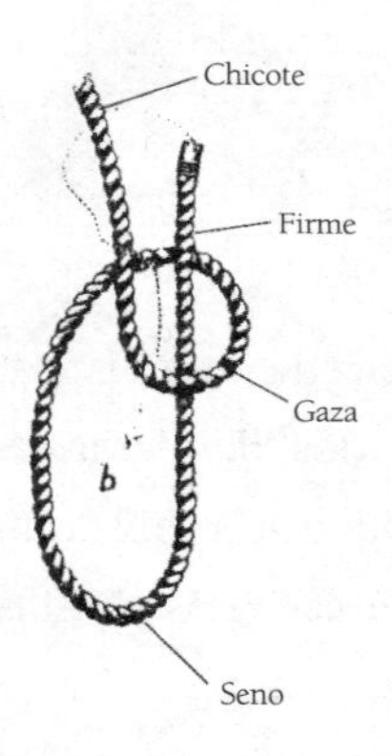

Los nudos no fáciles de deshacer son muchos y complejos, al punto que existen gráficos, tablas y catálogos de ellos, pero hay algunos términos que conviene conocer. Cuando el extremo de una cuerda se dobla en forma de gancho tenemos tres partes: la punta se llama *chicote*, la parte curva es el *seno*, y la cuerda recta, *firme*. Cuando se cierra el gancho —el *chicote* cruza el *firme*— se denomina *gaza*. *Cote* es la forma más simple de hacer un nudo y es el que todos sabemos hacer; *lasca* es un nudo en forma de ocho que sirve para evitar que la cuerda se deslice entre las poleas. El *ballestrinque* es un nudo simple que sirve para *trincar* una cuerda a un mástil o a una *percha*, y que se mantiene

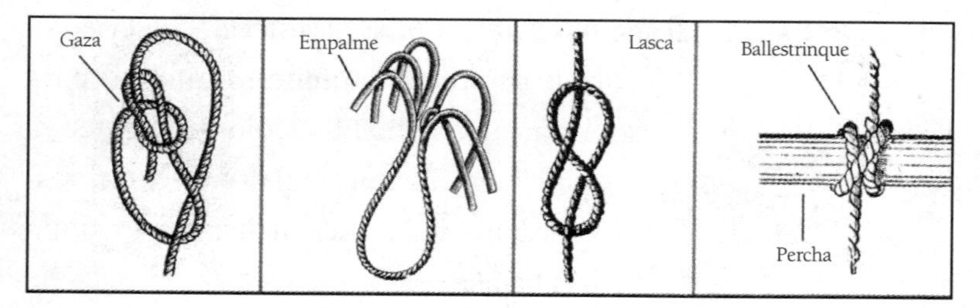

cuando actúa bajo presión; *empalme* es el conjunto de tres cordones trenzados para formar la cuerda; *adujar* significa enrollar una cuerda, una cadena o una vela, y *azocar*, apretar bien un nudo.

LA TRIPULACIÓN

El *capitán* es la máxima autoridad del barco; el *contramaestre*, el hombre de confianza del capitán, su marino más experimentado y quien distribuye el trabajo entre el resto; y el *timonel* o *piloto* manipula el timón. El *calafate* da mantenimiento al barco sellando las filtraciones de agua con estopa y alquitrán. El *gaviero* cose y repara las velas durante la navegación y el *vigía* asciende hasta la *cruceta* o *cofa* del palo mayor, desde donde mira lo que rodea al barco a la distancia. El aprendiz de marinero se llamaba *grumete* —hoy en completo desuso—, y por debajo de él estaba el *paje*; es decir, el muchacho encargado de la limpieza. El *artillero* o *lombardero* es aquel que manipula la artillería, y el *polizón*, el individuo que se embarca ocultamente sin haber satisfecho el importe del pasaje.

No habían logrado recorrer mil metros, cuando otros dos botes, uno de ellos bastante grande y armado con una culebrina de desembarco, empezaron a darles caza…

El Corsario Negro, Emilio Salgari

El armamento

Una *pieza de artillería* es toda arma de fuego que no es fácilmente portátil para una persona. Si la *bombarda* es un cañón de gran calibre, el *cañón* es largo respecto de su calibre, mientras que el *obús* es lo contrario —corto respecto de su calibre—. Estas tres piezas disparan balas de hierro o piedra, a diferencia del *mortero*, que dispara bombas. Los diferentes tipos de *culebrina* —*culebrina*, *sacre*, *verso* y *sacabuche*— son cañones largos de calibre modesto; la cureña es el soporte de madera para estas piezas.

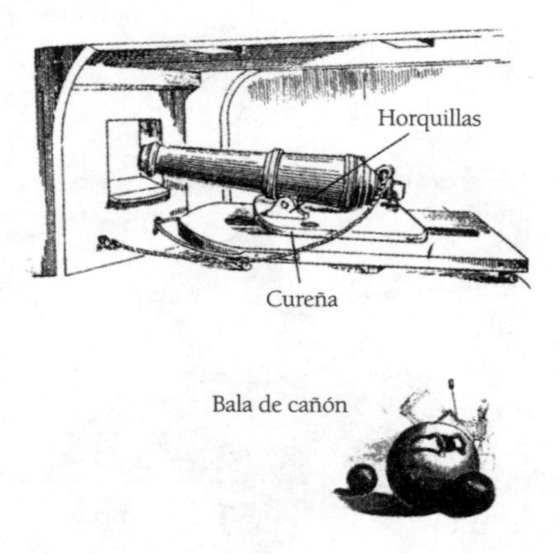

Piezas pequeñas de artillería son el *pasavolante*, el *falconete*, la *cerbatana*, el *ribadoquín* y el *esmeril*. Para darnos una idea de sus modestas dimensiones, van montadas sobre *horquillas* que las sostienen por la mitad —como las cámaras fotográficas a los tripiés—, o sea que el cañón se toma por la culata con ambas manos para hacerlo girar de izquierda a derecha y de arriba a abajo. *Batería* es el conjunto de piezas de artillería dispuestas para hacer fuego, *metralla* la munición y *andanada* es la descarga cerrada de toda la artillería desde el costado de un buque. Se usaban balas simples para hundir el barco, balas con cadena para después tirar de ella y tumbar los mástiles, y las hechas con clavos

y estoperoles eran para herir a los tripulantes del barco enemigo. Una *escuadra* es un conjunto numeroso de buques de guerra.

...el viento volvió de golpe, las velas cogieron la brisa por la amura de babor y la goleta empezó a correr otra bordada, inclinada y cortando las olas como una golondrina...

La isla del tesoro, Robert Louis Stevenson

Mi mejor deseo es que esta muestra elemental estimule en el lector el conocimiento de un léxico bello y fascinante, que le permitirá *orzar* su lectura a *barlovento* para así *zarpar* rumbo a los pasajes de acción naval de cuantas novelas de aventuras marítimas puedan acudir a su memoria, sin *zozobrar* en su disfrute y comprensión.

Fue por lana... y salió trasquilado

El campo y sus quehaceres pueden parecer terreno vedado para quienes la vida transcurre entre el pavimento y el esmog citadinos. Esto es particularmente notorio con ciertas palabras que, a oídos capitalinos, son perfectamente intercambiables; sin embargo, como se verá en este artículo, a veces es muy fácil meter la pata y quedar como un «urbano cosmopolita ignorante».

Hace unos días llevé a mis hijas a una granja en las afueras de la ciudad de México «para que conocieran a los animales del campo». Debo aclarar que mi experiencia en granjería es limitada, de puras oídas y fotos: fui un niño que creció en la ciudad de México durante los años 60, y la fauna de mi ciudad consistía más bien en delfines, ballenas, pulpos camioneros y, desde luego, ratas —de las de dos y de cuatro patas.

Llegamos, pues, a la granja y de inmediato comenzaron las preguntas:

—¿Qué es eso, papá?

—Es un borrego —respondí, sabiondo.

—¿Y eso? —preguntó la otra.

—Un chivo.

—No, señor —dijo un trabajador de la granja—. Es una cabra. Y la otra, una oveja.

—¿El borrego?

—No, ya no es borrego. Es oveja.

Mientras tanto, mis hijas me veían como diciendo: «Y mi papá no es burro, es buey».

El hombre, dejando a un lado sus labores, nos explicó amablemente las diferencias: casi todas tienen que ver con la edad del animal. Así, aprender a diferenciar a estos ovinos y cabríos resultó

más complicado que trasquilar con cortaúñas a un carnero. Como ya se me olvidaron las explicaciones de aquel gentil cicerón, copio en seguida las definiciones del DRAE. A ver si esto aclara un poco el asunto:

borrego. *De borra.* Cordero de uno a dos años.

~cimarrón. En México, carnero silvestre.

cabra. Del latín *capra.* Mamífero rumiante doméstico, como de un metro de altura, ligero, esbelto, con pelo corto, áspero y a menudo rojizo, cuernos huecos, grandes, esquinados, nudosos y vueltos hacia atrás, un mechón de pelos largos colgante de la mandíbula inferior, y cola muy corta. // Hembra de esta especie, algo más pequeña que el macho y a veces sin cuernos.

~montés. Especie salvaje, de color ceniciento o rojizo, con las patas, la barba y la punta de la cola negras, una línea del mismo color a lo largo del espinazo y los cuernos muy grandes, rugosos, echados hacia atrás y con la punta retorcida.

cabrito, ta. Cría de la cabra desde que nace hasta que deja de mamar.

cabrón. Macho de la cabra.

carnero. Del latín *agnus carnarĭus*, 'cordero de carne'. Mamífero rumiante que alcanza de siete a ocho decímetros de altura hasta la cruz, con frente convexa, cuernos huecos, angulosos, arrugados transversalmente y arrollados en espiral, y lana espesa, blanca, negra o rojiza.

chiva. Cría hembra de la cabra, desde que no mama hasta que llega a la edad de procrear.

chivo. De *chib*, voz con que se llama a este animal. Cría macho de la cabra, desde que no mama hasta que llega a la edad de procrear.

cordero. Del latín vulgar *cordarius*, derivado de *cordus*, 'tardío'. Cría de la oveja que no pasa de un año.

oveja. Del latín *ovicŭla*. Hembra del carnero.

Los animales que más domestica el hombre,
son los que más nomenclatura tienen:

BOVINOS

becerro(a): ejemplar joven de la especie, generalmente desde el nacimiento hasta la pubertad. *Becerro mamón* es el que toma leche.

buey: macho adulto castrado, destinado al trabajo de tiro de carretas o instrumentos de labranza.

novillo: macho castrado, destinado al abasto de carne.

novillona: hembra joven de la especie, de la pubertad al primer parto.

ternera: cría hembra de la vaca.

toro: macho adulto de la especie. No castrado.

vaca: hembra adulta de la especie.

CABALLOS

caballo: macho adulto de la especie.

garañón: macho adulto no castrado, utilizado para semental.

potro: cría no adulta, el femenino es *potranca*.

yegua: hembra adulta de la especie.

CERDOS

berraco: cerdo adulto, no castrado, utilizado como semental.

cerda: hembra adulta. Igualmente se le llama *cochina* o *marrana*.

cerdo: macho adulto de la especie. Igualmente sele llama *cochino* o *marrano*.

lechón(a): cerdo pequeño del nacimiento al destete —generalmente de dos meses.

Las diferencias entre el español chilango y el regio

En medio de las luchas más encarnizadas,
el hombre sintió siempre una repugnancia
involuntaria a destruir al enemigo que le
pedía clemencia en su propia lengua.
Auguste Comte

La tradicional rivalidad entre las dos ciudades más importantes del país —económicamente hablando— presenta un empate en lo que al uso del lenguaje se refiere. Tan extrañas expresiones y palabras existen en una ciudad como en otra: tan deformada está la lengua en la urbe norteña como en la capital. Si bien nadie pondría en duda que tanto regios como chilangos hablamos la misma lengua, resulta interesante observar las importantes diferencias que hay en el significado de algunas palabras y expresiones.

Lo mismo en «Regioyork» que en «Chilangolandia», como vulgarmente se les llama, cotidianamente hablamos formas de español marcadas en buena medida por el efecto cultural de recibir importantes flujos migratorios. Sin embargo, para el ciudadano común y corriente, estas diferencias son relevantes solamente por el riesgo de caer en graves confusiones y hasta complicaciones sociales, al hacer un uso inapropiado del lenguaje. He aquí dos ejemplos para ilustrar las consecuencias de no tener claras estas peculiaridades del lenguaje.

En Monterrey se dice popularmente: «Mi mueble perdió una copa pasando la joroba» —un chilango haría una asociación etilicodesértica de esta frase. En la ciudad de México, esta misma expresión se traduce así: «A mi nave se le cayó un tapón bajando el puente» —para un regio sería una versión local de *La guerra de los mundos*.

En Monterrey se dice: «Dale puche al huerco en el columpio» —un chilango no encontraría sentido alguno a dicha frase. Y en la ciudad de México: «Empuja al chamaco en el columpio».

Estas diferencias serían poco interesantes de no ser porque las ciudades de Monterrey y México suman la nada despreciable suma de 22 millones de habitantes,[1] lo que es más o menos 5 por ciento de los hablantes de español del planeta. Es decir, en un descuido hacemos una versión mexicana de la Torre de Babel. Justo para evitar las tribulaciones de Babel, y como parte de un manual de supervivencia para un chilango en Regioyork y para un regio en Chilangolandia, publicamos una lista de expresiones y palabras que, además de mostrar las importantes diferencias lingüísticas entre ambas ciudades, pueden evitar a un viajero desprevenido ser lapidado por un uso poco preciso del lenguaje. Como beneficio para los lectores que no son ni regios ni chilangos, ponemos la traducción de «regioñol» a «chilangoñol» y a español estándar.

regioñol	**chilangoñol**	**español**
chisqueado	loco, pacheco	loco
soda	chesco, refresco	bebida gaseosa
incaíble	pasador	horquilla
tirar al león	dar el avión	dar por su lado
chansa	chance	oportunidad
ñoño	mocho	persignado, conservador
chiruda, chancluda	pandrosa, chilapastrosa	desarreglada, desaliñada, fodonga
borrador	goma	goma de borrar
pomo	activo, cemento	solventes industriales usados como drogas por inhalación

1 Según datos del INEGI en 2005.

desponchadero	vulcanizadora	reparadora de neumáticos
trolebús	raspado	vaso de hielo con sabor
sabalito	congelada	bolsita con hielo saborizado
primo	cuate	amigo, camarada, colega
sordear	hacerse güey	hacerse el loco ocultar algo
boya	tope	obstáculo bajo y redondeado para que los vehículos reduzcan la velocidad
dar puche	empujar	empujar
pichar	disparar	invitar, compartir, pagar por otros
rotonda	glorieta	plaza circular
tacha	tache, cruz	marca de error, cruz, equis
feria	vuelto, morralla, cambio	cambio
patinadero	pista	pista de patinaje
cinta Scotch	diurex, *durex*	cinta adhesiva
huerca(o)	chamaca(o), escuincla(e)	niña(o)
pedorrear	cagotear, calabacear	regañar, reconvenir
cuerda	picudo, trucha	listo, inteligente, habilidoso
jugar el dedo en la boca	dar atole con el dedo	decir cualquier cosa para salir del paso
catarrín	pedo, briago	borracho, alcohólico

mueble	nave, patas de hule	automóvil, coche
volcán	concha	pan de dulce con cubierta ranurada de azúcar
se la bañan	se la jalan, se la prolongan	exageran, se pasan
francés	bolillo, telera	pan blanco
resumidero	coladera	colador
pulmón	puñal, marica, puteque	homosexual
elote en vaso	esquite	elote desgranado con chile y limón

La Rial Academia

La Frailesca es una región del estado de Chiapas conformada por cinco municipios: Villa Corzo, Monte Cristo de Guerrero, Villaflores, Ángel Álbino Corzo y La Concordia. Es un lugar que se caracteriza tanto por sus costumbres como por su manera de hablar, entre otras cosas porque ahí se comen las *eses* —«hacemo», «fuimo»— y se *vosea* —es decir que se usa el *vos* en lugar del *tú* para dirigirse a la persona con la que se habla—, por ejemplo en expresiones como «*vení* pa'cá inmediatamente», «no sé como lo veas *vos*» o «cómo *sos* bobo».

Precisamente porque se trata de un habla tan peculiar, un grupo de frailescanos se ha reunido desde hace quince años para recopilar, desde su particular manera, los modos y giros del lenguaje de su región, así como anécdotas y dichos que se han quedado en la mente de sus habitantes, conformando la Rial Academia de la Lengua Frailescana —y no precisamente para «Limpiar, fijar y dar esplendor»,[1] pues su lema es «Nos acordamo, platicamo y lo mantenemo» o, como aparece en la definición de la palabra *olote*, no sólo limpia, sino que también «rasca, peina y hermosea»—, con la finalidad de «rescatar de una pérdida irremediable a todo un código de comunicación oral empleado por gente sin mucha educación, pero poseedora en cambio de una gran cultura que debemos preservar». Así, los libros que han resultado de esta actividad contienen «términos que no son comunes en la comunicación escrita y por el contrario abundan en las sabrosas pláticas que aprendimos a disfrutar con nuestros abuelos».[2]

En la presentación de otro de los volúmenes de la Rial Academia de la Lengua Frailescana[3] se explica la importancia de entender una comunicación llena de vida que se habla cotidianamente y que obedece a la diversidad de influencias y tonos del sureste mexicano: «Nuestras raíces tan diferentes, pero tan profundas en una tierra generosa, se prolongaron en nuestro espíritu, nos deja volá...»

Diccionario para sobrevivir en la Frailesca

La forma de hablar de los frailescanos es viva y vivaz, pizpireta y hasta un tanto procaz. A continuación reproducimos una muestra del trabajo de los prominentes académicos de la Rial Academia, el

1 Del emblema de la Real Academia Española.

2 «Prólogo», en *Diccionario de términos frailescos no recogidos por la Real Academia Española*, Rial Academia de la Lengua Fraylescana: Tuxtla Gutiérrez, 2000.

3 *Diccionario de términos frailescanos no recogidos por la Real Academia de la Lengua Española,* León de la Rosa Editores: Chiapas, México, 2007.

cual se encuentra en su *Diccionario de términos frailescanos*, para que se dé una idea de la riqueza —y el gozo al hablar— de esta región chiapaneca:

ajuerear. Discreta excursión campirana para hacer del cuerpo al modo árabe. En los pueblos, esta actividad realizada en el traspatio pronto cayó en desuso por la dificultad de hacerlo bajo un escandaloso coros de *cochis* —hasta parecías director de orquesta con la varita— y se inventó el drenaje.

arrecha. Mujer de ánimo pronto que generalmente más tarde se arrepiente. Actitud de gusto entre la hombrada. Modo casquivano sin llegar a depravado. Jonís sin juicio o pitío alegre.

aruñar. Es lo mismo que *arañar* pero con *u*, por eso se entiende como masaje erótico de una masoquista o forma de peliá de los *mampo*. Según nosotro, es mejor con *u* porque en la acción participan las uñas, no las arañas.

batea. Ecológica y eficaz lavadora rural, que funciona con agua corriente y jabón orgánico —bolita—. Equipada, además, con secadora de energía solar, esta útil antecesora de las júveres modernas, se completa con justán y jícara pa' un adecuado funcionamiento.

bolo. Borracho. Estado del más alto grado de nitidez mental en que te entregan, después de tomá nomás dos. Oportunidad única de mirá el cielo desde el suelo.

cachondear. Masaje suave o violento pa' enamorá en el cine o en cualquier escurana.

cadejo. Espanto, animal viejo, negro, bermejo, que sólo espanta al más pendejo.

chiturí. Dícese de la persona que cuando venís a sentí ya se colocó en tu nuca. Ave de la región.

cochi. Suideo, ungulado del grupo de los cordados que come caca. *Sos muy cochi*: expresión que se aplica a las personas que abusan del pozol o del trago. *Anda ve si ya puso la cocha:* instrucción paterno - materna de la niñez, para que ya no estuvieras chingando. A veces esta orden era sustituida por *¡Anda, comprame un manojito de tenemeaquí!*

cocotazo. Medida física correctiva aplicada en la morra por la tía Chepita.

coleto. Comerciante en dulces de refulgentes chapas, con franca animadversión al agua, que saber dónde ajuereaba; habitaba en casas de tela que paraba de un día pa' otro.

coyoliar. Movimiento del ojo coqueto del frailescano que no está bizco. Ojo en movimiento cuando mirás una *jonisuda*.

culeca. *Sinón*. Cloeca. Mujer que tiene mal de hombre.

culipandearse. Hombre mampo o mujer marimacha que caso sostiene su palabra o más bien que se raja. Recularse en un trato. Rajarse cuando vas perdiendo.

cusca. Ganosa. Mujer arrecha exacerbada.

dar de sí. Antónimo de «dar de no».

dejalo'stá. Expresión muy utilizada equivalente al *let it be* de Inglaterra.

embojado. Aspecto bofo y poco consistente que le da a tyu cara después de las boleras navideñas y la fiesta de enero.

entecato. Momia frailesca. Persona que comió sapo; disecado que como el cubilete ha quedado en puro cuero y hueso. Así quedan los enamorados que no les hacen caso. Que comió sapo o le hicieron un malpuesto.

escurana. Lugar donde llevabas a la novia pa' enseñarle tu reló fosforescente. Lugar donde mirás un bulto o te pueden joder a traición.

jonís. Parte discreta y terminal del sistema digestivo. El término se amplía considerablemente cuando, al referirse a una jonisuda, incluye también el área circunvecina.

jucha. Mujer galana, reacia al uso de calzón y que orina parada. Políglota regional.

le trató el punto. Le requirió de amores.

levantafalso. Argüendero, chismoso, intrigoso, coleto.

mampo. Volteado. Marica. Homosexual. Gay de pueblo. Según el prestigiado galeno y filólogo por afición, doctor Garzón, este adjetivo tan común de la frailesca, puede haber derivado de *mamporrero*, término que, según la otra Academia, aludía al peón de campo que en el momento en que el garañón saltaba sobre la yegua, le ayudaba dirigiendo el pene —el del caballo— al lugar adecuado para iniciar la cópula.

gay. Mampo de la familia.

puto. Mampo de otra familia.

melcocha. Chicloso local a base de leche dura como la madre. Antecesor del Snicker.

mmm-jú. Pujido cuachi con el que se indica estar de acuerdo.

mmmmrg. Consonantaje que expresa desacuerdo.

molote. Ruido inoportuno a la hora de domá la hamaca. Escándalo o bulla con pleito que hacen los vecinos. Ruido de chiturí cuando andan robando nido.

mujeraje. Conjunto de mujeres reunidas para solazarse en el chisme o pa'cé mitín político.

no me hallo. Sentimiento de extrañeza, punto ideal pa' echa trago. Imbatible argumento de las sirvientas pa' dejar tirado el trabajo.

no muy. Se usa al comienzo del día, cuando no tenés ganas de chambiá. *No muy tengo ganas de trabajá.*

¿ontá? Contracción interrogativa cuando buscás alguien y ya sabes que no te van a sabé decir dónde está.

ouija. *Laptop* de madera con conexión inalámbrica de banda ancha, que sirve pa'chateá con el más allá.

papujo. Sin color en la cara. Así te mirás después de tres días de bolo.

pelechando. Edad en que ya podés echá. Época en la que según algunos ya te estás volviendo cochi. Inicio de la pubertad.

pinolillo. Insignificante garrapata coyolera que ¡cómo chinga!

puño. Medida regional utilizada para referirse con toda precisión a algo desconocido.

tapaculo. Fruto del cuaulote que sirve pa' lo que dice. Peptobismol de rancho.

tenemeaquí. Arresto político domiciliario. Artículo que nos mandaban a comprar de muchachito para que no estorbáramos en las pláticas de nuestros mayores; la cantidad que se encargaba determinaba con exactitud el tiempo que debían entretenernos.

tentón. El que en arca abierta desde luego que peca. ¡Ah, no pué!

tigriar. Forma verbal que indica a un galán en actitud de conquista y que dejó de usarse cuando José José estrenó «Gavilán o paloma».

tol. *Toperwer* térmico pa' la tortilla que también sirve pa' piñata.

tuturutu. Parte frontal y basal del pescuezo que se acciona cuando mirás botana.

uuuhres. Voz gutural de ligero acento fantasmal que denota un largo periodo de tiempo —mientras más *us* se ponen, más tiempo es.

vas a llevá. Expresión amenazante para que dejés de está molestando. Apócope de «vas a llevarte un chingadazo».

La labor de estos prominentes frailescanos intenta preservar una cultura y una visión del mundo propia, lo cual se refleja en la manera única y feliz en que habla su gente y en el anecdotario popular; muestra de esto último son los siguientes relatos:

Anecdotario frailescano

Tommito

por Roberto Juan Flores

Después de algún tiempo sin verse, doña Roselia León y su sobrina Sandra se encuentran en cierta ocasión, y dice doña Roselia:

—Iday, hija, ¿cómo estás?, ¿tu mamá está bien?, ¿y el compadre?

—¡Bien tía, están bien!

—Hijita, te invito a comé ahorita a la casa, andá a comé con nosotro, tenemo tiempo sin verno.

—Pero vengo con mis hijo, tía, y ese muchachito que viene de intercambio, se llama Tommy, ¡los voy a dejá en la casa y me voy!

—¡No, hijita, vámonos todos! ¡Si hay harta comida!

Ya todos en la casa de Roselia, ésta le pregunta a Sandra:

—Oite, hija, y este güerito, ¿habla español?

—Poquito, tía, háblele 'sté despacio.

—Ora, pué, nos sentamo que ya está servida la mesa, ¡agarren pué!, ¡sírvase de todo! ¿Cómo decí que se llama el muchacho?

—Tommy, tía.

—Tomito, hijo, ¿querés tasajo con chirmolito? Aquí hay tamalito de cambray que mandó Chavita de Villaflores, ponele repollito curtido, ¡también 'ta galán!, probalo con agüita de timpichile, te va a picá pero poquito, ¡viste!, jalalo tu silla más pa' dentro, ¡no te vaya pringá tu ropa!, aquí hay salpicón con cilantro, Tomito, ¡agarrá, chulo, 'tas en confianza!; no te vayas a llená mucho porque al último vamo a tomá café de calcetín con cazueleja de yema y ajonjolín.

Y el pobre Tommito, después de tragá saliva y poné cara de chuta malhecha, dijo:

—*Whaaaat?*

La novela es ficción

—Gases frailescanos—

por Roberto Juan Flores

Tía María Gómez al ver a su hija que recién se acaba de bañar y cambiarse, al verla le dice:

—¡Velo, hija! Esa blusa con tu falda ¡no *colinda*! —en lugar de *no combina*.

Pasó y el otro día al verla que estaba llorando por el melodrama que se desarrollaba en la tele, le dijo:

—¡No llorés, hija! ¡Todo lo que sale en la novela es *suficcio*! —para referirse a *ficticio*.

Para balconear a los tabasqueños

En México, no sólo existen diferencias en la comida y las costumbres de cada región, también hay formas peculiares de hablar y pronunciar el español que permiten distinguir de dónde procede cada persona. En el caso de Tabasco, las particularidades son dignas de atención.

Hay muchos que dicen: «Yo soy tabasqueño y no hablo como tal o cual político». Y es que no todos los que nacimos y hemos vivido en Tabasco hablamos «gràcioso»; sin embargo, este artículo se refiere a aquellos que, antes que dejar de tomar pozol[1] prefieren renunciar a la cerveza; a quienes comen caldo de gallina cuando la temperatura es de 38 °C a la sombra, y a las 6 de la tarde salen a tomar el fresco; y a quienes, cuando se ensucian la ropa, exclaman: «¡Ya me *devané*!»; a los que sólo comen «un *bocaíto*», y a los que les encanta el chicharrón con puerco, la manea[2] y la tortilla de maíz nuevo. O sea, a los «chocos» de corazón.

...Que Tabasco es un Edén

Para hacer un artículo que balconee a un tabasqueño es necesario, primero, contemplar sus características físicas y culturales, su forma de comportarse y de vivir, su forma de manejar y, por supuesto, de hablar. Ser tabasqueño es mucho más que ser un habitante de algún municipio; es una identidad de aquel que nace en el estado, en las condiciones que sea. Rico o pobre, todos convivimos con el mismo calor y los mismos moscos e, incluso, hasta el más citadino no deja de preguntar: «*¿Qué jue? ¿Qui cite?*». Mi abuelito es nacajuqueño[3] de corazón. Toda su vida, como muchos otros, ha vivido en su pueblo querido. Se casó hace 50 años y, hasta hoy, su matrimonio parece inquebrantable. Pero lo que más destaca de mi viejo es, sin duda, su

1 Bebida de maíz cocido con cacao molido y agua; se toma agrio, fresco,con canela y hasta con horchata. Resulta fundamental para los tabasqueños en la temporada de calor, y la tomaban los hombres que trabajaban en los campos para mitigar el hambre y la sed que producían las largas jornadas.

2 Variedad de tamal hecha con maíz cocido, molido y revuelto con hojas de chipilín, que lleva carne y cabeza de cerdo, chile habanero en trocitos, manteca y se envuelven en hojas de tos; se hornean en tambos de metal

3 De Nacajuca, un municipio del estado de Tabasco.

forma de hablar; su sello característico lo ha transmitido a mi padre, quien es su gran discípulo. Gracias a él y a la solidez de nuestra familia —dicen por ahí que «familia que permanece junta, seguramente es tabasqueña»—, mi hermano y yo hemos oído frases majestuosas que hemos llevado grabadas en nuestras mentes toda la vida.

Deme un bocaíto, jijoeputa

Él nos enseñó que, siempre que nos inviten de comer, no hay que decir «sí, gracias», sino «bueno, deme un bocaíto»; de esa manera no damos a notar que tenemos hambre —aunque en realidad no sea un bocado el que comeremos—, y si al momento de servir la comida nos ofrecen algo de beber, con la misma cortesía hay que decir «bueno, deme un traguito», así no quedaremos como gorrones o tragones. Aprendí que cuando necesitamos que alguien dé vuelta a algo por nosotros, para dar instrucciones precisas de los movimientos necesarios hay que decir: «*Víralo* tantito; sí, así, *cantéalo* un poquito, como que *jalas pa'llá* y luego lo *arrempujas*». Mi padre también me enseñó una palabra que parece tener magia y con la que puedes hacer que todas las cosas tengan un mismo nombre: *negocia*. Es tan efectiva que no importa a qué te refieras, la otra persona entenderá. Un tabasqueño de cepa pura se reconoce dentro y fuera de su estado por la forma en que mueve su bebida —cualquiera que ésta sea: Coca-Cola, *whisky* o cerveza—, porque lo hace de forma circular como si estuviera moviendo el tradicional pozol para revolver el *shis*.

Los tabasqueños gritan cuando están felices, cuando están enojados, cuando están comiendo y hasta cuando ya se van a dormir. Llaman *jijoeputa* —apócope de una expresión obscena que en la ciudad de México se utiliza con una connotación no ofensiva— hasta a sus hijos. Mi abuelo llama *jijoeputas* a sus nietas, lo mismo cuando está contento que enojado; el otro día fuimos a cenar a una taquería y mi abuelo quedó tan encantado que al final exclamó: «¡Ah, qué riquísima cena! Cuando tenga dinero, voy a traer a las *jijoeputas* ésas, para que jarten hasta que se revienten». En lugar de ofenderme porque se hubiera referido de esa forma a mis primas más pequeñas, inmediatamente comprendí que se trataba de una sublime muestra de cariño.

Es natural que las enseñanzas del viejo se transmitan de generación en generación: mi padre es el ejemplo más vivo de este legado. A pesar de que él vive en los EE. UU., sigue recordando al *burbujón* de gente con la que convivía en su pueblo, ¡*sí, pue*! Parece que sus raíces permanecen intactas, sin importar lo lejos que se encuentre ni que hoy use ropa de diseñador.

Frases para ir a Tabasco y no morir en el intento

En Tabasco, unas lenguas de sustrato son el chontal y el chol —casi extintas—, y muchas palabras que hoy utiliza la gente oriunda derivan de una mezcla de estas lenguas y castellano antiguo. Así que si usted viene a Tabasco, o conoce a un tabasqueño, reflexione antes de burlarse de nuestra tan «cultural» forma de hablar, pues tiene más historia de la que se imagina. A continuación unos ejemplos:[4]

achichihuar. Apapachar.

aconchar. Se usa cuando nos vamos a recargar sobre algo o alguien: *acónchate más para allá, no entramos.*

acucupache. Llevar a cuestas a un niño. *Traelo al niño acucupache.*

agalambado o agalambao. Cuando una persona se muestra torpe, o algo se le cae: *Ya tiraste eso, andas todo agalambado.*

4 Agradecemos a Thelma del Río Priego y a América Romero, tabasqueñas ambas, sus generosas aportaciones lingüísticas para este artículo.

ancá. En casa de alguna persona.

apuscaguado, aplatanado. Alguien que está descansando o decaído.

¡ay, hermanito! Frase que denota preocupación: *¡Ay, hermanito, ya arreció el agua!*

¡ay, mojo maistro! Se usa como el *¡no inventes!* de la capital.

bolo. Borracho.

checho. Consentido: *ese niño está checho.*

chibolón. Bola grande.

chinto. Sin roce social: *ahí trabaja pura chinta.*

devanar. Manchar la ropa de mugre: *vienes todo devanado.*

diantre. Expresión tabasqueña para decir *diablo*: *¡Diantre de niño!*

emburujado. Arrugado o hecho bolas.

enchumbrado. Estar totalmente mojado.

freidera. Sartén.

guindar y desguindar. Se usa en lugar de colgar: *¡vete a guindar la ropa!*; su antónimo es *desguindar: ahora desguíndala, que va a llover.*

invisible. Pasador para el cabello.

lía. Cuerda.

ligerito. Expresión usada cuando necesitas agilizar algo: *ándate ligerito, que se nos hace tarde.*

pospierna. Muslo de pollo.

pote. Palabra usada para designar un pocillo de peltre.

pringando. Cuando llueve gotitas. Chispeando.

puxcagua. Envoltorio de alimento hecho con hoja de plátano, como un itacate.

¿qué pue? Como un *qué onda* chilango.

¡que te ha parido! Una forma de insultar.

¿qui cite? ¿Qué hiciste?

rempujar. Empujar a una persona. *Me rempujó el niño.*

ruidero o ruidajal. Un ruido molesto.

shoto. Esta palabra posee dos connotaciones, una se aplica cuando alguien hace o dice una estupidez: *estás shoto tú*; o igual se utiliza para referirse a un hombre afeminado: *ve a ese shoto.*

shisho. Es una palabra que se usa para referirse a alguien tonto.

shis. Asiento del pozol.

somatón. Caída grande.

tras qué. Expresión que usamos para decir *por cierto*.

tutupiche. Que nace en los ojos. Perrilla.

ya vamonós. Expresión de uso común en la que se altera la fonética de la palabra *vámonos*, colocando la sílaba tónica a la última.

Algunos nombres propios de Tabasco

Odila

Yara

Violeta

Lubia

Maseosare

Thelma

Dorisetel

Orvelín

Taum

Teófano

Ronely

Elsy ☺

Que no te vean la cara de ***gua***

...look West, and with the right kind of eyes you can almost see the high-water mark—that place where the wave finally broke and rolled back.[1]

Hunter S. Thompson

1 ...mire al Oeste, y con la mirada adecuada uno casi podrá ver la marca que dejó el agua en su altura máxima, ese lugar donde la ola rompió y regresó.

Debo confesar que hasta antes de escribir este texto era muy poco lo que la lingüística me interesaba. Y precisamente por eso es que pedí que me lo asignaran: sé que detrás de las letras y los fonemas está escondida una radiografía —qué digo, una imagen de resonancia magnética— de las aspiraciones y valores de una sociedad y su tiempo. Conforme pasaban los días y la investigación avanzaba, me compliqué la existencia —deliciosamente—, hurgando en los entreveros de la historia del lenguaje y las familias lingüísticas. Y todo con el pretexto de hablar de la partícula lingüística *gua*.

Árabe

Un caso emblemático de la mezcla de lenguas derivada del contacto entre culturas es *Guadalupe*.[2] *Gua* es la grafía española para la palabra árabe *wadı* —raíz *wdy*—, que significa «lecho de río, valle; corriente, arroyo, río»; de ahí que tantos ríos comiencen con estas tres letras, como *Guadalquivir*. El apellido *Guadarrama* y el nombre propio *Guadiana* comparten el mismo origen. Del árabe también nos llega *guarismo*, contracción del término árabe *al-juwarızmı*, que nombra una cantidad compuesta por dos o más cifras, y que fue acuñado en honor al matemático árabe Muhammad ibn-Musa al-Juwarızmı, cuyo sobrenombre se debe a que nació en Juwarzm, hoy Jiva, Uzbekistán. *Guateque* —«fiesta campesina en la que se canta y baila», o «fiesta casera en que se merienda y se baila»— tradicionalmente se considera una voz caribeña, pero en tiempos recientes ha surgido la teoría de que puede provenir del árabe *huad*, 'mano', aunque es incierto.

---

2 v. *Algarabía* 60, septiembre 2009, Taquitos de lengua: «El nombre del mes»; p. 15.

Náhuatl

Del náhuatl nos llegan: *guacamole*, *guaje*, *¡guácala!*, *guajolote*, *guamúchil*, *guasontle* y *Guatemala*. La primera es una castellanización de la palabra *ahuacamolli*, que literalmente quiere decir «salsa de aguacate», y que está compuesta por *ahuacátl*, 'aguacate', y *molli*, 'salsa'. *Guaje* también es una castellanización, pero esta vez de la palabra *huaxin*, que es un tipo de calabaza que se seca y deja hueca para transportar agua. *¡Guácala!* presenta una complicación: aunque algunas fuentes ubican su origen etimológico en el quechua, es más probable que éste se encuentre en *huacalli*, que es la palabra náhuatl para un recipiente donde se *guacalea*; o sea, se vomita. *Guajolote* proviene del náhuatl *huexólotl*, que literalmente quiere decir «gran monstruo»; la palabra está compuesta por los vocablos *hue*, 'grande', y *xólotl*, 'monstruo'. *Guamúchil*, delicioso fruto que nombra un bello poblado sinaloense, proviene de la palabra *cuauh-móchitl*, cuyo primer elemento viene de *cuauhtli*, 'árbol'. Posiblemente *Guatemala* provenga de la misma familia que *cuauitl*, quizá *Cuautemallan* originalmente. *Guasontle* —lo imagino capeado, en caldillo rojo— viene de *huatzontli*, que quiere decir «bledo como cabello»; *huauhtli*, 'bledo' y *tzontli*, 'cabello'.

Tarahumara

Pero el náhuatl no es la única lengua indígena que ha aportado términos al español cotidiano de nuestro país. Un oficio muy conocido es el de *guarura*; lo que poco se sabe es que proviene del tarahumara *wa'rura*, que quiere decir 'grande, importante'. *Guarro*, que en México se usa coincidentemente para nombrar a los guaruras, no tiene su origen en esa palabra: es el nombre popular que se le daba a los cerdos durante el siglo XVIII en España, y proviene de la onomatopeya derivada del sonido que hacen estos animalitos tan sabrosos.

Purépecha o tarasco

Dos ejemplos de palabras que ha dado el purépecha a nuestra lengua son: *guango* y *guarache*, que más frecuentemente se escribe con *h*. *Guango* proviene de *guangoche*, un término rural que significa 'ancho, holgado, flojo', y que a su vez proviene de la raíz *uanho*, que tiene el sentido de 'rodear, dar vueltas', como una faja, cinturón o un resorte. *Guarache* —*kuarháchi*— es la más difundida de la dos y, cuando menos en la ciudad de México, tiene dos acepciones: la del calzado y la de las tortillas gruesas en forma ovoide untadas de frijol y aderezadas con cebolla, cilantro, salsa, crema y queso, y que en el colmo de los lujos van coronadas por una costilla asada o por un huevo estrellado. Un ejemplo más es *Guanajuato*, que, en traducción literal, quiere decir «cerro de las ranas»; *khuanági*, 'rana', *juáta*, 'cerro'.

El Caribe y las Antillas

El contacto con las Antillas también dejó marcas en el lenguaje. Las palabras *guarapo* —jugo de caña fermentado, de cuyo consumo en exceso viene la palabra *guarapeta*—, *guacamaya* y *guayaba* —ambas provenientes del arahuaco,[3] la segunda comparte familia con los tupí *guaiába* y el galibi *goyaba*—, y *guanábana*, cuyo origen está en el taíno —lengua hablada por el pueblo taíno, que habitaba las Antillas Mayores a la llegada de los españoles— provienen de esa región.

Germánico

El germánico también ha dado lo suyo a nuestra lengua. *Guarnición* y *guarida* provienen del prefijo germánico *war-*, 'proteger', mientras

3 Nombre genérico que recibían los pueblos de habla arahuaca asentados en las Antillas a la llegada de los españoles; incluye a los taínos.

que *guardar* proviene de *wardon*, 'cuidar'. Sin embargo, estos términos —así como *aguardar*, *Álvarez*, *avergonzar*, *Eduardo*, *panorama*, *píloro*, *resguardar*, *retaguardia*, *reverencia*, *vanguardia* y *vergüenza*— provienen del indoeuropeo *wor-to-*, 'cuidar', de *wor-* y *-wer*, 'ver', 'cuidar'.

¿Y qué es el indoeuropeo? Es el nombre que dieron los académicos a la familia de lenguas que primero se diseminó por Europa. Proviene de una lengua llamada protoindoeuropeo, y se piensa que se hablaba hacia el 3 000 a. C. y que se dividió en griego, anatolio y distintas lenguas indoiraníes entre los años 2 000 y 1 000 a. C.

Dos toponimias

Guasave, nombre de un poblado en Sinaloa, proviene del cahita y significa «sitio donde hay tierra de labor», o «en la labor grande», lo que alude a la extensión del terreno y a su fertilidad. A los pobladores de las Islas Canarias se les conoce como *guanches*, que probablemente viene de un lenguaje autóctono, hoy desaparecido, formado por *guan*, 'persona', y *chinet*, que es el nombre de la isla de Tenerife. Otra posibilidad es que provenga del bereber *acxes*, 'hijo o joven'.

Otras rarezas

Hasta el catalán nos ha dado palabras: *guante* proviene del catalán *guant*, que a su vez viene del franco *want*. *Guam* es una isla en el Pacífico occidental; un territorio no incorporado de los EE. UU. que adopta su nombre del término en chamorro —lengua oficial de Guam y las islas Marianas, en Oceanía—, *guaham*, que quiere decir 'tenga nosotros'. *Guapo* tiene un origen muy distinto: proviene de la palabra latina *vappa*, 'pillo, granuja', 'echado a perder', que es un término enológico que quiere decir «vino echado a perder»; «vino que ha perdido el sabor y el vigor».

Para terminar, hay tres palabras que llamaron especialmente mi atención por su origen curioso: *guayín*, *guamazo* y *guagua*. Las tres son castellanizaciones de términos anglosajones. *Guayín* es la transliteración de *Way-in*, que era una leyenda que tenían pintada en la puerta algunos carruajes de cuatro ruedas importados de los EE. UU. *Guamazo* es la suma de la onomatopeya anglosajona *wham*, y *-azo*, sufijo que refiere a un golpe, como *golpazo*. *Guagua*, palabra que denomina al transporte público en la capital cubana —Cuba es un país en donde el fenómeno de castellanización de términos estadounidenses es muy común en el habla cotidiana—, es la castellanización de la palabra *wagon*.

Como podemos ver, la presencia del prolífico y prodigioso sonido *gua* en nuestro idioma tiene múltiples orígenes, tan diversos que la etimología de unas pocas palabras nos da idea del mosaico de influencias que han dado a nuestro idioma la forma que tiene hoy. Las huellas de su crecimiento y de la adaptación de la lengua están en la lengua misma: sólo falta desentrañarlas.

El contacto entre culturas cambia a las sociedades, particularmente su lenguaje. Las fuentes que nutren nuestra lengua son múltiples y muy variadas, y las palabras que derivan de esos encuentros —muchas veces telúricos, como sismos o tsunamis— llevan, ocultas, las huellas de esa fusión. No olvidemos que aquí fue donde Occidente chocó por primera vez con otra cultura, y tan fuerte fue el impacto que puso fin a la Edad Media. Y con la mirada adecuada, como ésa de Hunter S. Thompson, aún se puede ver dónde golpeó la ola.

Glosario de nahuatlismos

—o de por qué se habla así en México—

¿Cuándo fue la última vez que el más *mitotero* de sus cuates lo invitó a su *chante* o a cenar *pozole*, *chilaquiles* y un *mezcalito*? ¿O sólo lo necesitaba como *achichincle*, *tameme* o, peor aún, *pilmama*?

Mientras hace memoria de tan «feliz» ocasión, le presentamos un glosario básico de los nahuatlismos que se escuchan con mayor frecuencia en el español del altiplano de México. Para facilitar la pronunciación de los términos nahuas, recuerde que la *x* suena como «sh» —por ejemplo, *mexcalli* = «meshcali»—, que la doble ele no es como la *ll* del español, sino como una ele larga —*atolli* = «atol-li»— y que todas las palabras se acentúan en la penúltima sílaba.

Alimentos

atole < *atolli*: bebida hecha a base de harina de maíz desleída en agua o leche. *Quiso darme atole con el dedo, pero no le creí nada.*

chilaquiles < *chillaquilitl*: platillo a base de tortillas de maíz despedazadas, fritas y remojadas en salsa de chile; cosa rota o maltratada. *Traes tu cuaderno hecho un chilaquil.*

chocolate < *chocolatl*: alimento a base de cacao molido, endulzado y aromatizado. *Este chocolate oaxaqueño está exquisito.*

esquite < *izquiatl*: guiso de granos de elote cocidos con chile, epazote y limón. *Deme dos esquites con mayonesa para llevar.*

guacamole < *ahuacamulli*: aderezo de aguacate con chile. *El plato fuerte es milanesa con guacamole.*

guachimole < *huaximolli*: guisado hecho con chile, semillas de guaje molidas y carne de cerdo. *El guachimole que hace mi abuela está para chuparse los dedos.*

mezcal < *mexcalli*: trozos cocidos del corazón del maguey que se consumen como golosina; bebida alcohólica que se obtiene por destilación del jugo del maguey. *Para todo mal, mezcal; para todo bien, también.*

mole < *molli*: salsa espesa y condimentada; su color varía según los ingredientes; exclamación equivalente a «golpe que saca sangre». *Me hizo enojar, y, ¡moles!, que me lo descuento.*

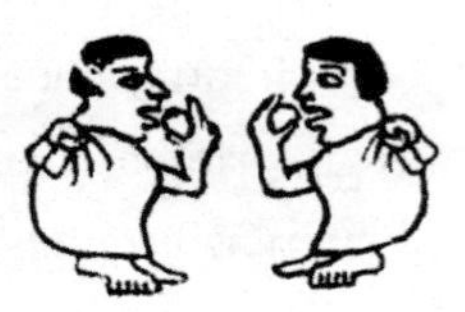

pinole < *pinolli*: harina de maíz tostada, endulzada y aromatizada con canela. *El que tiene más saliva traga más pinole.*

pozol < *pozolatl*: bebida refrescante hecha a base de maíz y cacao molidos, muy popular en el sureste de México y Centroamérica. *Con este calor, se antoja un pozol bien frío.*

pozole < *pozolatl*: guiso de maíz cocido con carne de cerdo. *Mi favorito es el pozole estilo Guerrero.*

taco < *tlaco*: tortilla de maíz sobre la que se coloca una porción de alimento y que luego se enrolla. *Tengo hambre: sólo me comí un taco.*

tamal < *tamalli*: porción de masa envuelta en hojas de maíz o de plátano y cocida al vapor. *Hay tamales de chile, de dulce y de manteca.*

tequila < del topónimo Tequila, «donde se trabaja»: bebida alcohólica destilada y fermentada, obtenida del jugo de corazones de agave cocidos. *Con un tequila, si no me curo, se me olvida.*

tlacoyo < *tlacoyotl*: tortilla gruesa de masa de maíz, a la que se le pone algún relleno antes de cocerla. *Deme un tlacoyo sin grasa, porque estoy a dieta.*

totopo < *totopochtic*: tortilla de maíz cortada en pedazos y frita o tostada. *Comes tan lento que empiezas con chilaquiles y acabas con totopos.*

Animales

acocil < *acocilin*: especie de camarón de agua dulce. *De botana, hay acociles con limón.*

ajolote < *axolotl*: anfibio comestible nativo de los cuerpos de agua del sur de la ciudad de México. *Estate quieto, pareces ajolote.*

cenzontle < *centzontli*: ave que puede imitar los trinos de otros pájaros. *¿Es un ruiseñor? No, es un cenzontle.*

cócono < *cocone*: guajolote, en algunas regiones del altiplano central. *Hoy nacieron más coconitos.*

coyote < *coyotl*: cánido parecido al lobo; intermediario. *Un coyote quiso cobrarme mil pesos por el trámite.*

chachalaca < *chachalaca*: ave que se caracteriza por su ruidoso gorjeo. *¡Cállate, chachalaca!*

chapulín < *chapulin*: variedad comestible de saltamontes. *Este niño brinca como chapulín.*

guajolote < *huexolotl*: ave americana doméstica comestible; pavo; persona no muy inteligente. *No seas guajolote, ponte listo.*

mapache < *mapachin*: mamífero conocido también como *osito lavador*, por su habilidad para manipular objetos; ladrón, por las manchas en forma de antifaz de aquellos animales. *En estas elecciones hubo mapaches en varias casillas.*

ocelote < *ocelotl*: felino representativo de una de las dos órdenes militares mexicas.[1] *El ocelote está en peligro de extinción.*

1 La orden guerrera mexica era de *ocelome* —ocelotes—. El ocelote era un animal relacionado con el sacrificio de los dioses, que dio origen al Quinto Sol. Océlotl se ha traducido como «jaguar», palabra de origen caribe que designa a la especie *Panthera onca*, que es diferente de la que ahora conocemos como ocelote o *Leopardus pardalis*.

pinacate < *pinacatl*: escarabajo pequeño, negro y que despide mal olor. *Fuchi, huele a pinacate.*

quetzal < *quetzalli*: ave de intenso color verde, cuyas largas plumas eran sumamente apreciadas por la realeza mexica. *El penacho de Moctezuma está hecho con plumas de quetzal.*

tecolote < *tecolotl*: búho, ave nocturna. *Cuando el tecolote canta, el indio muere.*

totol < *totolin*: otro nombre para el guajolote. *Estoy criando un totol para matarlo en Navidad.*

tlacuache < *tlacuatzin*: marsupial americano, famoso por su habilidad para hacerse el muerto. *Hay quince especies de tlacuaches en América.*

xoloescuintle < *xoloi(t)zcuintli*: variedad de perro doméstico comestible, grisáceo y sin pelo. *Me vendieron un xoloescuintle en dos mil pesos.*

zopilote < *tzopilotl*: ave carroñera. *Todavía ni se muere y allí anda ya la familia, rondando como zopilotes.*

PLANTAS

achiote < *achiotl*: arbusto de cuyos frutos se obtiene un condimento natural rojo anaranjado. *Ponle más achiote a la cochinita pibil.*

aguacate < *ahuacatl*: árbol de sabroso fruto cuyas hojas se usan como condimento; testículo. *¡Pero qué aguacates tiene ese cabrón!*

ahuehuete < *ahuehuetl*. Variedad americana de ciprés. *En el bosque de Chapultepec hay muchos ahuehuetes.*

cacahuate < *cacahuatl*: semilla oleaginosa. «*La piñata tiene caca, tiene caca… cacahuates de a montón.*»

cacao < *cacahuatl*: granos con que se elabora el chocolate. *Esa crema humectante tiene manteca de cacao.*

camote < *camotli*: tubérculo comestible. *Ora sí, a tragar camote.*

capulín < *capulin*: fruto pequeño, negro y redondo del árbol del mismo nombre. *Tienes ojitos de capulín.*

cempasúchil < *cempoaxóchitl*: flor amarilla parecida al clavel, ofrenda tradicional del Día de Muertos. *Estos cempasúchiles ya están muy marchitos.*

cuitlacoche / huitlacoche < *cuitlacochin*: hongo comestible que ataca las mazorcas de maíz tiernas. *Hay quesadillas de papa, cuitlacoche y queso.*

chayote < *chayutli*: especie de fruto cubierto de espinas; soborno. *A los periodistas les dieron su chayote para que modificaran la noticia.*

chía < *chia*: semilla comestible, de la que también se extrae aceite. *¡Un agüita de limón con chía!*

chicle < *tzictli*: goma de mascar. *Inténtalo, a ver si es chicle y pega.*

chicozapote < *chicotzapotl*: fruta americana. *Me comí una nieve de chicozapote en Coyoacán.*

chile < *chilli*: pimiento picante; pene. *Este chile piquín no pica nada.*

ejote < *exotl*: vaina verde del frijol. *Otra vez troné como ejote en matemáticas.*

elote < *elotl*: mazorcas de maíz tiernas. *Te preparé un pastel de elote.*

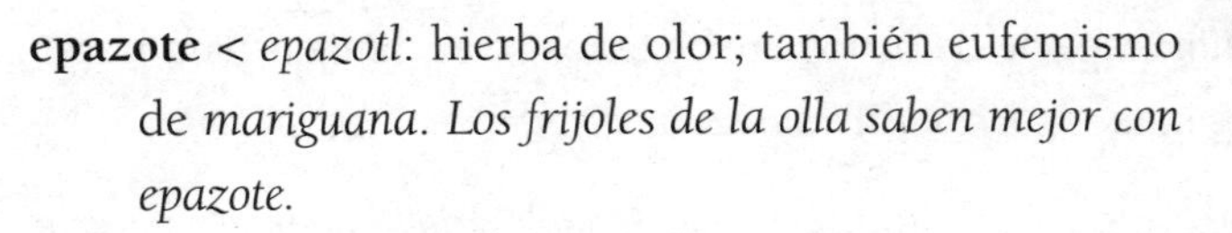

epazote < *epazotl*: hierba de olor; también eufemismo de *mariguana*. *Los frijoles de la olla saben mejor con epazote.*

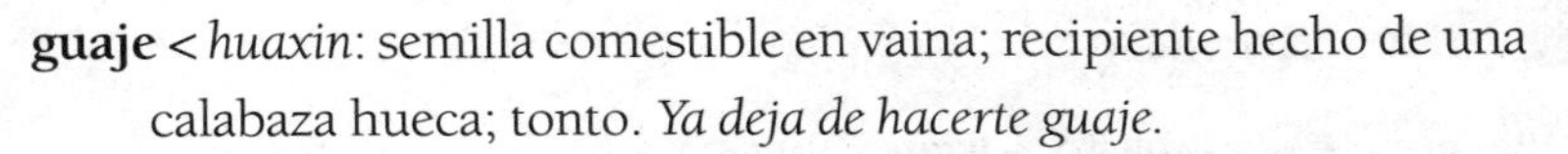

guaje < *huaxin*: semilla comestible en vaina; recipiente hecho de una calabaza hueca; tonto. *Ya deja de hacerte guaje.*

huauzontle / huazontle < huauhtzontli: planta comestible. *Ayer comimos tortitas de huauzontle.*

huizache < *huitzcuahuitl*: árbol espinoso. *Pídele al mariachi que toque «El huizache».*

hule < *ulli*: savia gomosa del árbol del zapote; látex. *El cheque que me diste era de hule y rebotó.*

jícama < *xicamatl*: bulbo comestible. *Quiero jícamas con chile.*

jitomate < *xitomatl*: fruto también conocido como *tomate*, de color rojo o amarillo. *Este guisado se acompaña con caldillo de jitomate.*

miltomate < *miltomatl*: fruto que crece en las milpas, llamado también *tomate verde* o *tomate de milpa*. *Cómo se antoja esta salsa de miltomate.*

nopal < *nopalli*: cactus comestible; baboso. *No le confíes el proyecto, es medio nopal.*

ocote < *ocotl*: pino muy resinoso. *Échale más ocote a la fogata.*

quelite < *quilitl*: hierba silvestre comestible; eufemismo para *querida* —amante—. *¿No sabías que es la quelite del jefe?*

tejocote < *texocotl*: fruto ácido; otro eufemismo para *testículo*. *Le puse muchos tejocotes al ponche.*

tule < *tollin*: especie de junco cuyos tallos se entretejen para hacer artesanías. *Este canasto está hecho de tule.*

xoconostle < *xoconochtli*: tuna agria. *Al mole de olla no puede faltarle su xoconostle.*

zacate < *zacatl*: pasto, forraje; fibra para tallar los trastos. *El zacate ya está muy crecido.*

zapote < *tzapotl*: diversas variedades de frutos comestibles. *Y de postre hay dulce de zapote.*

Objetos

ajuate / ahuate < *ahuatl*: espina diminuta. *Cuando pelé las tunas se me pegó un ajuate en el dedo.*

amate < *amatl*: árbol con el que se fabrica papel. *Este papel amate es perfecto para encuadernación.*

cacles < *cactli*: zapatos. *¿Traes cacles nuevos?*

cajete < *caxitl*: plato hondo. *El pozole sabe mejor servido en cajete de barro.*

comal < *comalli*: plancha de barro o metal para cocer alimentos. *El comal le dijo a la olla…*

copal < *copalli*: resina de árbol que se usa como incienso. *El brujo quemó copal para hacer un sahumerio.*

chalchihuite < *chalchihuitl*: cuenta de turquesa sin pulir. *Me compré este collar de chalchihuites en Tepoztlán.*

chante < *chantli*: lugar donde se habita. *Yo me voy a mi chante.*

chichi < *chichi*: pecho femenino. *Y mientras bailaba, se le abrió el vestido y, ¡zas!, que se le sale una chichi.*

chinampa < *chinampan*: especie de plataforma hecha a orillas de un lago o laguna con carrizos entretejidos y cubiertos de tierra y limo, usada como espacio de cultivo. *Si quieres ver chinampas, vamos a Xochimilco.*

chiquihuite < *chiquihuitl*: canasto de carrizos entretejidos. *Echa la ropa sucia en el chiquihuite.*

equipal < *icpalli*: pieza de mobiliario —en especial sillas— con armazón de madera y superficie de paja o fibras entretejidas. *Mi tía llenó su casa de equipales.*

huarache < *cuauhcactli*: sandalia. *Por ir de huaraches a la excursión, un insecto me picó en el pie.*

huipil < *huipilli*: blusón o vestido bordado. *Conozco a una mujer que hace unos huipiles preciosos.*

jacal < *xacalli*: choza de paja; morada humilde. *Ven a mi jacal.*

machote < *machiotl*: modelo; molde. *Pásame el machote para las cartas de cobranza.*

malacate < *malacatl*: mecanismo giratorio. *Para vaciar el pozo necesitamos un malacate.*

mecate < *mecatl*: cuerda hecha de fibras orgánicas. *Mi corazón late como burro sin mecate.*

metate < *metlatl*: piedra plana para moler. *¡Si las abuelas hubieran tenido licuadoras en vez de metates…!*

molcajete < *molcaxitl*: recipiente de piedra o barro que se usaba para moler alimentos. *Como entremés queremos un molcajete con nopalitos y queso.*

papalote < *papalotl*: artefacto de madera y papel para elevarlo en el aire. *Cada quién hace de su vida un papalote.*

petaca < *petlacalli*: maleta; eufemismo para *nalga*. *Pon aquí tus petacas.*

petate < *petlatl*: alfombrilla hecha de palma entretejida. *«Por caja quiero un petate; por cruz, mis dobles cananas…»*

popote < *popotl*: pajilla hueca; cosa muy delgada y frágil. *Quiero un popote para mi raspado.*

tanate/tenate < *tanatli*: cesto pequeño de carrizo o palma; testículo. *En este tanate hay tortillas; en el otro, tlacoyos.*

temazcal < *temazcalli*: baño de vapor con hierbas. *Después del temazcal me sentí muy relajado.*

teponaztle < *teponaztli*: tambor hecho de un tronco ahuecado. *Los danzantes bailaban al son de chirimías y teponaztles.*

tilma < *tilmatli*: manta o capa de algodón. *No hay tilma tan famosa como la de Juan Diego.*

tiza < *tizatl*: gis. *En México decimos* gis; *en España dicen* tiza.

Conceptos

achichincle < de *atl* y *chichini*: ayudante; secuaz. *Ya llegó el diputado con todos sus achichincles.*

cuate < *coatl*: gemelo, mellizo; amigo del alma. *Te presento a mis cuates.*

chahuistle / chagüistle < *chiahuiztli*: enfermedad de los cultivos; calamidad; mala suerte. *Ya nos cayó el chahuistle.*

chamaco < *chamahuac*: persona joven; niño. *¡Pero cómo has crecido, chamaco!*

chamagoso < *chamahuac*: sucio, descuidado. *Cuando no va a trabajar, anda todo chamagoso.*

chaneque < *chane*, singular; *chaneque*, plural: duende, habitante sobrenatural de un lugar. *Aquí hay chaneques.*

chipichipi < *chichipini*: llovizna. *Todo el día ha estado ese chipichipi.*

chípil < *tzipitl*: se dice del niño pequeño que se comporta mal cuando su madre vuelve a embarazarse. *Mi hijo anda medio chípil.*

chipote < *xixipochtic*: hinchazón por un golpe, generalmente en la cabeza. *No respondo chipote con sangre…*

chocante < *chocani*: llorón; remilgoso. *Pero qué chocante estás hoy.*

chueco < *xocue*: tullido de un pie; torcido; ilegal. *Estos papeles son chuecos.*

escuincle / escuintle < *i(t)zcuintli*: perro; término despectivo para niño. *¿Qué hiciste, escuincle?*

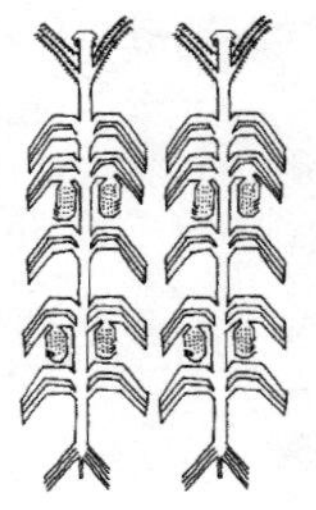

itacate < *itacatl*: comida para llevar. *Llévate tu itacate.*

milpa < *milpan*: terreno sembrado de maíz. *Ahora sí te llovió en tu milpita.*

mitote < *mitotia*: baile; ruido o escándalo. *¿Y dónde va a ser el mitote?*

nahual / nagual < *nahualli*: brujo que puede adquirir la forma de un animal. *Se me hace que mi vecina es nahuala.*

nahuatlato < *nahuatlatoa*: Hablante de náhuatl. *Mi maestro es nahuatlato nativo.*

pachón < *pacha*: que tiene mucho pelo; esponjoso. *Me regalaron un peluche muy pachoncito.*

papacho / apapacho < *papatzoa*: abrazo bien dado; muestra reconfortante de cariño. *Necesito un apapacho.*

pilmama < *pilmama*: nana o niñera. *Soy tu novia, no tu pilmama.*

tameme < *tameme*: cargador. *Me trajo de su tameme todo el santo día.*

tianguis < *tianquiztli*: mercado. *Voy al tianguis; no me tardo.*

xocoyote < *xocoyotl*: hijo menor. *Juan es el xocoyote de la familia.*

«Decirse en lengua»: el nombre verdadero de los pueblos indígenas

¿Cuántas y cuáles son las lenguas originarias de México? ¿Las conocemos por su nombre original? ¿Cuáles son éstos y qué significan? ¿Qué idiomas, además del español, se hablan en nuestro país? ¿Cuántas familias lingüísticas hay en él?

Debido a la gran diversidad lingüística que existe en México, el Instituto Nacional de Lenguas Indígenas —INALI— se propuso realizar un proyecto de recopilación y agrupación de todas las lenguas indígenas en uso del país, con base en tres categorías principales:

1. Familia lingüística
2. Agrupación lingüística
3. Variante lingüística

El objetivo principal fue reunir, ordenar y categorizar la pluralidad de lenguas y variantes propias de los grupos étnicos mexicanos. El INALI se basó en las estructuras lingüísticas y sociolingüísticas para hacer esta clasificación.

Familia lingüística

Se define como un conjunto de lenguas cuyas semejanzas estructurales y léxicas se deben a un origen histórico común. Son once familias lingüísticas indoamericanas, dispuestas por su ubicación geográfica de norte a sur en la República Mexicana:

1. Álgica
2. Yuto-nahua
3. Cochimí-yumana
4. Seri
5. Oto-mangue
6. Maya
7. Totonaco-tepehua
8. Tarasca
9. Mixe-zoque
10. Chontal de Oaxaca
11. Huave

Agrupación lingüística

Es el conjunto de variantes lingüísticas comprendidas bajo el nombre dado históricamente a un pueblo indígena. Cada agrupación lingüística se encuentra relacionada con un pueblo indígena y puede estar conformada por una o más variantes lingüísticas. Es importante aclarar que cada pueblo se ha autodenominado independientemente de cómo lo hagan los demás. Por ello es que existen tantas denominaciones para un mismo grupo.

Variante lingüística

Es la que alcanza el mayor grado de detalle de los niveles de catalogación y la que muestra uno de los indicadores más fehacientes de la enorme diversidad lingüística y cultural de México. De las 68 agrupaciones que existen, presentamos en la siguiente tabla sólo un ejemplo del nombre del pueblo, cómo se dice cada uno a sí mismo —autoadscripción— y cuál es el significado de cada denominación en español —traducción—:[1]

pueblo	autoadscripción	traducción
amuzgo	*tzjon noan* *tzo'tio*	Pueblo de hilados, hilo suave o mecha Río Camarón
chatino	*né chá cña* *kitse cha'tnio, kitse cha'tio*	Nuestra tierra Tierra de la palabra
chichimeca jonaz	*tza*	Las águilas
chinanteco	*tsaju jmí*	Gente de palabra antigua
chol	*winik, ch'ol*	Hombre
chontal de Oaxaca	*lopimaye, lajltyaygi, lalhtaiqui'*	Todas las familias
chontal de Tabasco	*yoko yinikob, yoko ixikob*	Hombres verdaderos, mujeres verdaderas
cora	*náayari*	Hijos de Dios
cucapá	*es-péi, ui'jmu*	Los que van y regresan

1 Para cualquier variante lingüística específica, es preferible consultar el catálogo del INALI en: *www.inali.gob.mx*

cuicateco	*nduudu yu*	Casa de tierra
guarijío	*warihó* —Chihuahua— *macurawe* —Sonora—, *macoragüi*	Gente o personas que hablan la guarijía Los que toman la tierra, los que andan por la tierra
huasteco	*teenek* —derivado de la contracción *te'inik*—	San Luis Potosí: Los hombres de aquí, los que viven en el campo, con su lengua y comparten «el costumbre». Veracruz: Caracol menudo o caracolillo
huave	*mero'ikooc*	Verdaderos nosotros
huichol	*wixarika, wixárika*	Hombre que cura
jacalteco	*abxubal, Jakalteko-Popti'*	Dueño de la casa
kikapú	*kikaapoa, kickapoo, kicapú, kickapooa*	Los que andan por la tierra
kiliwa	*ko'lew*	Hombre cazador, gente como nosotros y los que se van
lacandón	*hach winik, hach t'an, jach-t'aan*	Hombres verdaderos
mame	*qyool, mam*	Padre, abuelo o ancestro
matlatzinca	*matlatzinca*	Los señores de la red, los que hacen redes
maya	*maya'wiinik, maaya, maaya t'aan, maayáa*	Hombre de Yucatán
mayo	*yoreme, yorem-nokki*	El pueblo que respeta la tradición
mazahua	*Jñatjo, jnatrjo, jnatjo*	Los que hablamos y existimos

mazateco	*ha shuta enima*	Los que trabajamos el monte, humilde, gente de costumbre
mixe	*ayuuk, ayook, ayuk, ayöök, ayuuk*	Gente de idioma florido —o de la montaña
mixteco	*ñuu savi, sa'an ñuusavi, tu'un savi*	Pueblo de la lluvia
nahua	*Macehualmej, náhuatl, maseual tla'tol*	Verdadero mexicano
otomí	*hñähñähñü*	Los que hablan otomí
pame	*xi'ui, xi'iuy, xi'iui*	Indígena
pápago	*tono ooh'tam, tohono o'otham, tohono o'odham*	Gente del desierto
pima	*o'ob*	La gente o aquella que habla la lengua pima —*o'ob no'ok*
popoluca	*tuncapxe, núntahá'yi, actebet*	Tierra madre del caracol
purépecha	*p'urhépecha*	Gente, persona
seri	*con caac*	La gente
tarahumara	*rarámuri, ralámuli raicha, rarómari raicha*	Gente o gente de los pies ligeros
tepehua	*kitndnkanmakalkaman, iimaasipijni, hamasipini*	Nosotros somos de idioma tepehua, dueño del cerro
tepehuano	*o'dam, 'odam, odami, ódami*	Gente de las montañas, dueño de estos lugares
	audam, au'dam, 'audam	Gente
tlahuica	*pjiekak'joo, pjiekakjoo*	Lo que yo soy, lo que yo hablo
tlapaneco	*me'phaa*	Habitante de Tlapa
tojolabal	*jolwinik'otik to, tojol-ab'al*	Hombres legítimos o verdaderos

totonaca	*tutunaku, tutunakuj, tutunakú, Li tutunakos*	Tres corazones —los tres grandes centros ceremoniales de Tajín, Zempoala y Yohualichan—
tzeltal	*batzil k'op, tseltal, bats'il k'op*	Los de la palabra originaria
tzozil	*baats'il winik, bats'i k'op*	Hombres verdaderos
yaqui	*yoreme*	Hombre o persona
zapoteco	*binnizá, bene'xon, ben'zaa*	Gente que proviene de las nubes
zoque	*o'depüt, ode, o'dep'ut*	Gente de idioma; palabra de hombre o verdadero, auténtico

No la cantes que es chiflada: el lenguaje silbado[1]

Entre los grupos primitivos, ciertas formas de comunicación, como las señales de humo, son comunes. Pero... ¿había usted oído de las conversaciones a base de chiflidos que sostienen entre sí los indígenas mazatecos?

El hecho de que el estado de Oaxaca —cuya extensión territorial es casi equivalente a la de Guatemala— esté dividido políticamente en 570 municipios, no es una casualidad ni un capricho histórico.

1 Este artículo se publicó en enero de 1983 en la revista *México Desconocido*. De la fecha de publicación a la actual, las lenguas indígenas mencionadas en él han sido objeto de numerosos estudios.

Esa división múltiple refleja la existencia de pueblos diferentes en el aspecto étnico, histórico y, desde luego, lingüístico. Oaxaca posee el mayor número de lenguas indígenas: casi cien, según señalara Calvin R. Rensch.

La enorme variedad de lenguas tiene aspectos muy interesantes, aunque poco estudiados todavía, y ello no se debe a la falta de entusiasmo, sino de capacidad profesional: estudiar las lenguas oaxaqueñas no es tarea para principiantes, porque éstas tienen una fonología muy complicada.[2] Muchas sólo se hablan en regiones virtualmente inaccesibles, y un enorme porcentaje de la población es monolingüe. Saber lo anterior puede conducir a varias reflexiones, aunque la más obvia es: ¿cómo, dentro de tal diversidad lingüística, pudieron florecer las avanzadas culturas prehispánicas oaxaqueñas?

Una original forma de comunicarse

Además de los aspectos técnicos, también hay, por supuesto, curiosidades, como lo es el idioma silbado; es decir, el sistema de lenguaje como medio de comunicación basado exclusivamente en silbidos, una extraña característica de algunas lenguas mazatecas del norte del estado.

Hasta ahora, la singularidad de comunicarse mediante silbidos solamente se ha conocido en cuatro lugares del mundo, según afirma el fisiólogo acústico René-Guy Busnel: en la isla Gomera, de las islas Canarias; en la sierra mazateca de Oaxaca; en Aas, en los Pirineos franceses, y en Kusköy, Turquía.

2 Son parte de la familia otomangue, la mayoría de ellas tiene como característica principal el rasgo tonal, en que las lenguas generalmente pueden cambiar el sentido de una frase, con el acento y la entonación, como es el caso del español. No es lo mismo papa que papá o decir «quiero cerveza Indio» que «quiero cerveza, indio», pero en las lenguas de la familia otomangue, que muchas de ellas se hablan en Oaxaca, el cambio de tono cambia el sentido de agudos a graves, y viceversa.

El denominador común de los cuatro lugares es una topografía excepcionalmente abrupta y con laderas cultivadas en escarpados desniveles; es decir, se trata de sitios en los que la comunicación personal es difícil y muy limitada, ya que impone un gran esfuerzo físico para subir, bajar y recorrer las distancias.

El alcance del lenguaje silbado depende del terreno: se reduce en zonas boscosas y se amplía en las areas despejadas. Así, el promedio es de 150 metros en Santa María Chichotla y hasta de 1 500 entre Tenango y Piedras Negras. Alcances superiores se obtienen mediante el uso de conchas y caracoles. Busnel menciona una distancia de ocho a diez kilómetros en Tenango, hacia los valles rocosos, aun cuando aclara que sólo se trata de señales y no propiamente de un lenguaje.

Pláticas de monte a monte

¿Qué es lo que se comunican los mazatecos a larga distancia por medio de sus silbidos? Lo que sigue es una réplica de una de las muchas conversaciones posibles, entre dos campesinos que se encuentran trabajando la tierra, con una barranca que los separa más de 200 metros:

—¿Por qué viniste tan tarde?

—Estaba buscando una gallina.

—¿Y la encontraste?

—Sí, estaba encaramada en un palo con espinas.

De acuerdo con Busnel, el alcance también se ve limitado por la duración del silbido y por el uso de los tonos —alto, semielevado, bajo y semibajo. Desde luego, no todas las personas pueden hacer uso del lenguaje silbado, ya que éste exige una aguda percepción de las variaciones tonales.

René-Guy Busnel efectuó una larga y completa serie de investigaciones científicas al respecto, incluyendo un estudio de campo en la sierra mazateca. Sus trabajos comprenden el uso de osciloscopios y otros analizadores electrovisuales para trazar gráficas o «monogramas» de una o varias palabras, en los cuales puede advertirse la composición de frecuencias de cada vocablo. La palabra *tchao-ni-hi*, por ejemplo, que significa «mazorca de maíz» —o *tomoxtle* en mazateco—, requiere de un silbido con tres modulaciones distintas: la primera sílaba alcanza unos 1 000 Hz[4] o ciclos, 800 la segunda y 500 la tercera.

¿Por qué no silban las mujeres?

Otro especialista en lenguas, G. M. Cowan, quien divulgara en 1948 la lengua silbada entre los mazatecos, descubrió el mismo fenómeno entre los tepehuas[5] del estado de Hidalgo, y lo dio a conocer en 1952. El mismo autor apunta que «las mujeres casi nunca silban [...] y que es sólo la posición social de la mujer adulta, en función de la civilización local, lo que le impide silbar. En cada una de las regiones que hemos estudiado encontramos siempre mujeres que demostraron tener la misma capacidad que los hombres para usar la lengua silbada».

En cuanto a la técnica empleada para silbar, Busnel señala que en los mazatecos es esencialmente linguolabial y labiodental para distancias cortas y largas respectivamente, y agrega: «No vimos un solo silbador que enrollara la lengua hacia atrás». También encontró, como variante, el uso de una hoja de cafeto cortada en rectángulo y colocada sobre el labio inferior. La lengua y los labios se mueven según la modulación deseada. «La potencia obtenida es mucho mayor que con los otros métodos: de cien decibeles a un metro».

4 El hertz o hercio (Hz) es una unidad de frecuencia. Es la de un movimiento vibratorio que ejecuta una vibración cada segundo. Equivale a un ciclo por segundo.

5 El tepehua es una lengua de la familia totonaca-tepehua de la sierra de Hidalgo y Veracruz.

Hemos de agregar que la sierra mazateca se localiza entre Teotitlán del Camino y la presa Miguel Alemán —Temascal—, en el extremo norte de Oaxaca; en el centro de la sierra se encuentra Huautla. La región fue llamada en la antigüedad «el país de las nubes», y la altura promedio del camino es de 1 800 metros sobre el nivel del mar.

El yiddish, una lengua portátil

El yiddish era la lengua principal —y en ocasiones, la única— que hablaban los judíos ashkenazitas de Europa Occidental —a diferencia de los judíos sefaraditas,[1] quienes hablaban el ladino—. A pesar de que después de la II Guerra Mundial pareció que esta lengua llegaría a su final —por la muerte de un gran número de judíos durante el Holocausto—, la cultura y el

1 Los judíos sefaraditas son aquellos que siguen las costumbres y tradiciones de los judíos que vivían en la Península Ibérica antes de su expulsión en el siglo XV y que luego se establecieron en Turquía, el norte de África e Italia; *ashkenazi* designa a los judíos descendientes de las comunidades judías medievales que se establecieron en las riberas del Rhin, en Alemania —*Ashkenaz* era el nombre en hebreo medieval para esta region y, por extensión, de Alemania.

lenguaje siguieron vigentes en grupos dispersos por todo el mundo, entre ellos México, que lo conservaron como lengua. Es por ello que esta lengua es reconocida y estudiada en grupos académicos no judíos.

La historia de la diáspora del pueblo judío ha ocasionado que, a diferencia de la mayor parte de los lenguajes —que son hablados por los residentes de un área específica o por miembros de una nacionalidad particular—, el yiddish sea la lengua de millones de judíos de diversas nacionalidades en todo el mundo. ¿Cómo sucedió esto?

Desarrollo histórico

A principios del siglo X, los judíos de Francia y del norte de Italia se establecieron en tierras alemanas —alrededor del río Rhin— y formaron grandes comunidades. Los habitantes de aquella región hablaban alemán, mientras que los nuevos residentes usaban un dialecto judeofrancés llamado *laaz*. Los grupos locales incorporaron en el lenguaje germano expresiones del laaz, además de otras expresiones de las Escrituras Rabínicas; de esta manera nació una versión modificada del alemán medieval, que pasó de ser un dialecto germano a un lenguaje formal con elementos del hebreo y del arameo, así como de lenguas eslavas y romances.

El aislamiento que caracterizó a las comunidades judías después de las Cruzadas contribuyó a la mutación del alemán que, finalmente, se convirtió en el yiddish. En el siglo XIII, los judíos del Rhin emigraron hacia el Este, escapando de las persecuciones, y así el yiddish llegó al resto de Alemania, Polonia y otros países del Este. Ya para el siglo XVI, Europa oriental, en especial Polonia, se había convertido en el centro del judaísmo mundial, y el yiddish, largamente expuesto a las lenguas eslavas prevalentes en el Este europeo, pasó de ser un dialecto germánico a una lengua formal que se escribía usando caracteres hebreos. Esto propició una franca división entre los judíos del Este, que vivían en países eslavos, y los judíos del Oeste, que radicaban en Francia y Alemania.

Después del siglo XVIII, el yiddish occidental empezó a declinar debido a los movimientos de Emancipación,[2] durante los cuales los judíos de Alemania y Francia lo consideraron como «el idioma de la gente inculta, de los pueblos pequeños». Por tanto, empezaron a asistir a universidades y otras instituciones de educación superior a aprender el idioma del país, dejando de lado al yiddish. En el este de Europa, por el contrario, la lengua se convirtió en la más utilizada por los judíos, lo que provocó que se secularizara, y que la cultura judía floreciera.

La época de oro

A partir de 1850 aparecieron grandes escritores en yiddish, reconocidos en la literatura universal, como I. L. Peretz, Mendele Mojer Sforim y Sholem Aleichem, autor de *Tevye der Milkhiker*, en la que se basó *Fiddler on the Roof —El violinista en el tejado—*, quienes también se desarrollaron en el teatro, la poesía y las diversas ramas de la cultura judía, y cuya influencia ha perdurado hasta la fecha. Éstos fueron los antecedentes de otros grandes literatos que posteriormente se dieron a conocer en Europa, los EE. UU., Canadá, México y Argentina; entre ellos destacó el escritor Bashevis Singer, nacido en Polonia y nacionalizado estadounidense, quien, al recibir el Premio Nobel de Literatura en 1973, pronunció su discurso en yiddish ante la Academia Sueca. A mediados del siglo XX, los doce millones de judíos que hablaban yiddish se redujeron a la mitad como consecuencia del

2 La Emancipación fue el proceso gradual —entre el siglo XVIII y el inicio del XX—, interno y externo, que permitió a los judíos en Europa gozar formalmente de igualdad ante la ley y de todos los derechos de ciudadanía.

Holocausto y la represión de los judíos soviéticos durante el régimen de Stalin, quien hizo ilegal el aprendizaje de cualquier manifestación de la cultura judía y prohibió el uso del yiddish en escuelas, teatros y periódicos.

Por fortuna, en casi todo el continente americano los judíos emigrantes de Europa fundaron escuelas para niños en las que el yiddish era una parte importante del programa académico —aunque a últimas fechas se ha privilegiado el hebreo, que es el idioma del Estado de Israel—. En la actualidad hay un resurgimiento del idioma —existen incluso universidades en las que se imparte el yiddish— y es posible encontrar grupos ashkenazitas que lo hablan en España, los EE. UU., Argentina, Israel y México.

Breve glosario

a gute najt. Buenas noches.

a mentsh. Buena persona o buen ser humano.

a yajne. Chismosa.

beser a gute late eider a sheine los. Más vale un buen parche que un bonito agujero.

bilig vi borsht. Barato como la sopa de betabel.

bobe. Abuela.

der Bester lign iz der emes. La mejor mentira es la verdad.

dib aropfaln, iz fun a gutn ferd. Si te caes, que sea de un buen caballo.

dinguen zij. Regatear.

er hot faribl. Está ofendido.

er hot shitere finguer. Tiene los dedos abiertos —es despilfarrador, gastador.

er majt fun guelt blote. Convierte el dinero en lodo.

es iz gueven bashert. Estaba predestinado.

guefilte fish. Pescado relleno.

gut morgn. Buenos días.

hobn rajmones. Sentir lástima.

ij bin dir mekane. Te envidio.

ij hob dir faint. Te odio.

ij hob dir lib. Te amo.

ij hob fardrus. Estoy preocupado/a.

josh. Novio.

jale. Pan trenzado.

kale. Novia.

matze. Pan ázimo —se come en la Pascua.

mazl. Suerte.

me ken platzn. Reventar de rabia.

meshugue. Loco/a.

sheiguetz. Muchacho gentil —no judío.

shein vi di levote. Bonita como la Luna.

shikse. Muchacha gentil —no judía.

shlimazl. Alguien que no tiene suerte, un «pobre diablo».

shraynit, vest nos ofvekn got. No grites, puedes despertar a Dios.

shul. Sinagoga.

toiznt tamen. Mil sabores —algo muy sabroso.

tzores. Penas —sufrimiento.

yom tov. Fiesta.

zakarin zis. Dulce como la sacarina.

zeide. Abuelo.

zij shlognkop in vant. Darse de topes contra la pared.

zilber. Plata.

Amo' a deharno' de protocolo

Hay un director de negocios del sector Movistar de Telefónica Española —evitaremos el nombre, para no ensañarnos con la criatura— que me escribe de vez en cuando y a quien no conozco de nada. Quiero decir que nunca hemos ido juntos al colegio ni frecuentado los mismos restaurantes con amigos comunes, ni trabajado en el mismo periódico ni en la tele. Tampoco creo que nos hayan presentado nunca. Es posible, eso sí, que compartamos aficiones; que le gusten los libros viejos y las películas de John Ford, y el mar, y las señoras a las que uno puede llamar *señoras* sin necesidad de estar conteniéndose la risa. Es posible todo eso; e incluso que, en el fondo, él y yo seamos dos almas gemelas, que en la barra de una cantina o en cualquier sitio parecido pudiéramos calzarnos unas cañas filosofando sobre esto o sobre lo otro. Pero eso no lo sabremos nunca. Por otra parte, ni siquiera sus cartas son personales. Si lo fueran, si las palabras que me dirige y firma tratasen de asuntos particulares entre él y yo, lo que estoy escribiendo tendría menos justificación. Cada cual elige su tono, y ese director de negocios de Telefónica podría, quizás, usar los términos que le viniesen en gana para dirigirse a mí. Pero no es así. Sus cartas son formales, profesionales. De empresa que presta sus servicios a cliente que los usa y disfruta. Para entendernos: yo pago y él cobra. Y sin embargo, fíjense, va ese gachó[1] y me tutea: «Estimado cliente. Nos complace comunicarte...»

Dirán algunos de ustedes que qué más da. Que estamos en España[2] y que los tiempos cambian. Pero me van a permitir que no esté de acuerdo. Los tiempos cambian, por supuesto; y a menudo más para bien que para mal. Pero una cosa es una cosa, y otra cosa es otra cosa. A lo mejor lo que pasa es que algunos directores de negocios de Telefónica, sus asesores y sus publicitarios, relacionan eso del teléfono móvil y toda la panoplia con gente joven en plan *colegui*,[3] o sea, mensaje y llamada desde el *cole*[4] con buen rollito, subidón y demás, a qué hora quedamos para el botellón,[5] tía, etcétera. Pero resulta que no. Que el teléfono móvil no sólo lo utiliza la hija quinceañera del

1 Hombre, en especial el amante de una mujer. [Todas las notas son del editor.]

2 Este artículo se publicó por primera vez en *El Semanal*, suplemento del diario español *El País*. En México, apareció en *Milenio*, el domingo 13 de julio de 2008.

3 De forma muy coloquial, «amigo, cuate».

4 De forma muy coloquial, «colegio, escuela».

5 Costumbre de la vida nocturna española, que consiste en consumir bebidas alcohólicas en grupo en la vía pública. En México diríamos «la peda».

director de negocios de marras, sino también dignas amas de casa, abuelitos venerables, académicos de la Historia, comandantes de submarino, patriarcas gitanos y novelistas de cincuenta y seis años con canas en la barba. Algunos, tan antiguos de maneras que tratamos escrupulosamente de usted a la gente mayor, y a los desconocidos, y a los taxistas y a los camareros y a los dependientes —empleados de Telefónica incluidos—, como a cualquiera que por su trabajo nos preste un servicio, aunque se trate de gente jovencísima. Hablar de usted a la gente en general supone respeto, convivencia, educación y delicadeza. Por eso el tuteo rebaja y molesta a muchos destinatarios, entre los que, es evidente, me cuento. Cosa distinta es recurrir al tuteo —«Permitidme tutearos, imbéciles», por ejemplo— de forma deliberada, buscando la ofensa. Eso de insultar ya es cosa de cada cual, y cada cual tiene sus métodos. Pero dudo que insultarme sea intención del director de negocios de Telefónica que me envía las putas cartas.

En fin. Resulta muy significativa de cómo andan las cosas una conversación que sorprendí hace poco en una cafetería de Madrid. Un camarero emigrante hispanoamericano, recién llegado de su patria y en el primer día de trabajo, alternaba desconcertado el tuteo y el usted dirigiéndose a los clientes. Se le veía indeciso entre las maneras aprendidas allá —donde suele hablarse la lengua española con la mayor educación del mundo— y las formas, ásperas y bajunas, manejadas en España. Al cabo, un compañero le aconsejó: «Aquí, de usted a todo el mundo. En la calle, lo que te pida el cuerpo». En el extremo opuesto de tan sensato camarero, recuerdo también a una ministra nacional pidiendo a los periodistas que la tutearan. «Amo a deharno de protocolo», dijo la prójima, con acento condicionado tanto por su origen andaluz como por su inmensa incultura; ignorando que en Francia, por ejemplo, a un periodista que no llama *monsieur le ministre*[6] a un ministro pueden echarlo de la sala de prensa a patadas en el culo. Pero que una ministra española olvide la dignidad de su cargo —que no es suyo, sino de la nación a la que representa— no significa que esto sea una peña de compadres. Aunque a veces lo parezca en los tiempos que corren, no todos guardamos puercos juntos, allá en nuestra tierna infancia. Cosa que, ojo, digo parafraseando a los clásicos. Me apresuro a puntualizar eso antes de que la oenegé Porqueros y Porqueras sin Fronteras —apuesto lo que quieran a que también hay una— me llene de cartas airadas el buzón. O sea, que me limito a citar. Que conste. Y aún matizo más: dicho sea con todo respeto, añado, para los que guardan puercos.

6 «Señor ministro».

¿Es usted el Santo Fantasma?

El otro día vi algo que me causó triple preocupación. Nada novedoso, sólo una constatación más. Pero es que esta vez la cosa me pareció muy gorda, rebasaba mis expectativas peores. Estaba yo en una gran tienda de aparatos de video, a la larga espera de que me atendieran, y me distraía mirando las numerosas pantallas superferolíticas que abarrotaban el local, la mayoría con imagen pero sin sonido. Fijé mi vista en una, en la que discerní a Mel Gibson disfrazado de revolucionario norteamericano, es decir, del siglo XVIII, durante las luchas por la independencia contra los ingleses, me pareció recordar que la película se titulaba *El patriota*. Y de pronto lo vi, vi aquellos subtítulos. Alguien, tal vez un párroco, decía, según la traducción leída: «En el nombre del Padre...» —primer rótulo—, «y del Hijo...» —segundo rótulo—, y finalmente —pero antes de leer aquí el tercero les ruego que tomen asiento, comprueben que un sobresalto no les hará golpearse la nuca contra la pared, y retiren de la mesa las tazas del desayuno, no las vayan tirar de un brinco—, «y del Santo Fantasma...».

En la tienda se ocuparon de mí ya sin demora, sospechando quizá que estaba muy cabreado[1] y me empezaba a poner violento. Porque con el respingo que yo sí di derribé una consola y a una señora gorda y fiera —lo primero lo había advertido ya antes, lo segundo lo descubrí después—, y asusté de tal forma al cajero con el bramido que debí de soltar, que al pobre se le voló el gran fajo de billetes que se disponía a colocar. Pero es que no di crédito: ¡alguien había traducido así *the Holy Ghost*, que es como se ha llamado siempre en inglés el *Espíritu Santo* —el de la Trinidad, el mismo—! ¿Cómo era posible, y además en esa frase inequívoca? Porque en fin, si el párroco hubiera dicho: «...*and the Holy Ghos*t descendió sobre los Apóstoles», pues bueno, acaso habría tenido una pizca —pero una pizca, ¿eh?— que el traductor —un genio— no hubiera sabido que hablaba de Pentecostés y, por aquello de las prisas hubiera pensado: «A saber qué coño es eso, pero bueno, oye, *Ghost* es *Fantasma*, que lo sé yo por aquella película que se llamaba *Ghost*, con Demi Moore. Así que nada, el *Santo Fantasma* y a tomar por saco». Pero es que ni eso: se trataba de la fórmula repetida hasta el infinito por generaciones y generaciones a lo largo de veinte siglos.

Unos días antes ya me había quedado atónito al ver en televisión una película reciente sobre Juana de Arco, por desdicha doblada. Era un pestiño[2] y apagué el aparato tras una hora. Pero antes tuve

1 Enojado, disgustado. [N. del E.]
2 Cosa pesada, latosa o aburrida. [N. del E.]

tiempo y estupefacción bastantes para oír con mis propios oídos cómo la famosa doncella de Lorena, Orleáns y no sé cuantos sitios más sostenía varios diálogos con el rey Carlos VII de Francia —su rey, que reinó entre 1422 y 1461— en los que lo llamaba todo el rato… ¡de usted! Y ya me dirán cómo se puede aguantar —aparte de lo pestiño e idiota que la película era— oírle decir a Juana de Arco, a un rey del siglo XV, cosas como: «Es que usted no me envió los refuerzos que usted me había prometido». Ese traductor del francés —otro genio—leyó *vous* en el guión y se dijo:«Ah, esta sí que me la sé, porque sale en lo de *s'il vous plait*, que es como nuestro *por favor*, aunque significa *si él usted place*, mira que son cursis estos gabachos. Así que eso, *usted* y a tomar por saco».

Esta lumbrera, evidentemente, no conoce el *vos* del castellano, que se empleó, como mínimo, hasta finales del XVII si es que no hasta más tarde. Ni sabe que a un rey no se le ha dicho jamás *usted* en español, ni siquiera hoy.[3] Este fulano no ha leído *Los tres mosqueteros*, ni el *Quijote*, ni el *Mío Cid* —estaría bueno—, ni sabe una palabra de cultura general básica, ni de francés ni de español, lo mismo que la otra luminaria del Santo Fantasma, que, vale, puede no ser creyente ni haber tenido clases de religión. Pero y qué. ¿No ha leído nunca, no ha ido al cine, no sabe que los cristianos se santiguan y dicen «En el nombre de Este y del Otro y del Espíritu Santo»? Este sujeto, si ve un Cristo en la cruz, preguntará sin duda: «¿Y este tío en pelotas quién es, que lo dejaron como a un cristo?», porque seguramente sí conocerá, en cambio, esta expresión.[4]

---

3 Por supuesto, el autor se refiere al contexto español. En nuestro país, incluso el primer mandatario ha interpelado al monarca con un desenfadado «Hola, rey». [N. del E.]

4 No exageré. Me contó mi hermano Fernando, historiador del arte, que en un libro reciente, bajo la reproducción de un cuadro con Cristo crucificado, se decía: «Mártir desconocido».

Hay mil barbaridades diarias en prensa, libros, radio, cine y televisión. Estas dos me noquearon. Están claras mis dos preocupaciones primeras: a) ¿En verdad se ha llegado a este nivel de ignorancia y burricie? b) Habiendo como hay tantos parados,[5] ¿cómo es que se encarga continuamente el trabajo a los más ignorantes y burros, y no a los más listos y capacitados? Pero la tercera es la peor: c) ¿Cómo es que estas barbaridades no las controla ni enmienda nadie en el trayecto que va desde la metedura de pata del traductor-lumbrera hasta que la misma llega al público que paga por su libro, su periódico, su televisión o su video? Que baje el Santo Fantasma a explicármelo, que lo voy a tutear.

5 Desempleados. [N. del E.]

Créditos

«Bugs Bunny habla: características del lenguaje humano»
Jonathan Rojas
Es un estudioso de las letras —por oficio, por beneficio y por vicio—, y vicioso, también, de las caricaturas. Da clases de español en el Instituto Superior de Estudios Eclesiásticos, donde le gusta prevaricar con sus alumnos, haciendo uso deliberado de la productividad y la semanticidad.

«Lo prohibido»
María del Pilar Montes de Oca Sicilia
Es lingüista y como tal ha aprendido a perderle miedo a las palabras y a lo que éstas significan, porque está convencida de que entre más tabúes tengas más mal te portas, y por eso le huye como la rabia a los que se rigen por ellos. Es reconocida por ser una persona que rara vez se calla nada. Ni modo, como diría la tía Concha Borja: «Aunque se ofendan los franceses».

«Fuera del diccionario»
Felipe Garrido
Ha dedicado la vida a hacer libros y revistas, a traducir, a dar clases, a formar lectores. Actualmente es coordinador editorial de Jus, director de *www.justa.com.mx*, maestro en el CEPE de la UNAM, asesor del Programa Universitario de Formación de Lectores de la UV, miembro de número de la Academia Mexicana. También ha escrito algunos libros. Ha sido profesor, editor, gerente de producción y director de varios proyectos, como el programa Rincones de Lectura y de Publicaciones del Conaculta. Se le considera uno de los escritores más emblemáticos del cuento corto de Hispanoamérica y un promotor de la lectura de tiempo completo.

«Entre la cultura y la ciencia»
Leopoldo Valiñas
Es cierto: se dice lingüista —y se niega filólogo... hasta se emberrincha—, y también se dice estudioso de las lenguas exóticas, y también se dice amante... de tooooodas las lenguas —sin ser de Altamira—. Pero también, es cierto, se dicen tantas cosas...

«El antidiccionario I»
«El antidiccionario II»
Germán Rojas
Es comunicólogo de la UAM Xochimilco. Desde pequeño le gustaban los vocablos —y los pasitos—, de ésos que la gente llama domingueros, hasta que un buen día comprendió que debía brillar en sociedad. Es un gran aficionado a las voces extrañas, en desuso o fuera de lo común. Sin embargo, ha decidido ser más práctico en su habla —o más «normal»—, a ver si así consigue una pretendienta honorable.

«Adoradora de tautónimos»
Gala Miranda
Apasionada de la biología y de las curiosidades, afirma que su pájaro favorito es el chimachima.

«De letras y números»
Éricka Castellanos Moreno
Tiene una maestría en Letras Clásicas por la UNAM. Descubrió la luz de ciertos conceptos que la hicieron padecer en los años de secundaria y preparatoria en el estudio de las etimologías. Ahora, gustosa, las comparte con sus alumnos, lectores, radioescuchas, amigos, familiares y todo aquel que quiera ahorrarse una confusión.

«Todo es número»
César Garizurieta
Es periodista y, al igual que Burgo Partridge, opina que en el mundo habría menos estrés y más salud mental si, como en la cultura griega, se institucionalizara la celebración de orgías unas cuantas veces al año.

«Los *gases* del oficio II —y más *frijolidades*—»
Dante Escalante
Es diseñador gráfico, ilustrador, escultor, lector, diletante de las letras bien escritas y aspirante a Cristóbal Colón de otros planetas.

«¡Largad el trapo! —el léxico de los barcos de vela—»
César Guerrero
Es hoy un lector compulsivo gracias a las novelas de aventuras. Ha publicado tres poemarios, siendo *En la pureza del azul* el más reciente. Defeño, nunca ha abordado un barco de vela, aunque quizá algún día lo haga, pero si acaso no es así, le consuela saber que su admirado Emilio Salgari nunca tuvo experiencia como marinero, más allá de sus prácticas de estudiante en el Real Instituto Técnico Naval «P. Sarpi» de Venecia.

«Fue por lana... y salió trasquilado»
Alonso Núñez
Es cuarentón y, no obstante los muchos años, chacotero en activo. Lo único que se toma en serio es el vino tinto. Cuando no está en juntas de alto nivel —etílico—, escribe infinidad de artículos jocosos y cuentos para niños. Ha publicado *Buen provecho... ¡animales al acecho!* y *abc: un invento extraordinario*, entre otros libros. Y ya, ni que fuera Carlos Fuentes.

«Las diferencias entre el español chilango y el regio»
Eduardo Pérez Meléndez
Es economista de la UNAM, chilango de nacimiento y regio por adopción, adicto a la algarabía. Se dedica, desde hace varias décadas, a explicar lo imposible: ¿por qué las mexicanas consumen lo que consumen?

«Para balconear a los tabasqueños»
Karely Hernández
No puede evitar hablar como una choca, odia las faltas de ortografía y corrige de manera compulsiva cualquier error que detecta. Es fanática del lenguaje, los libros, el buen vestir y los momentos con la gente que ama.

«Glosario de nahuatlismos —o de por qué se habla así en México—»
Alma Alicia Naves
Es lingüista, traductora, correctora de estilo, aficionada a la historia y la antropología, y, de vez en cuando, profesora.

«No la cantes que es chiflada: el lenguaje silbado»
Harry Möller
Harry Möller nació en 1924 en la ciudad de México. Encontró su vocación al recorrer los lugares más recónditos de su país y, con el objetivo de difundir su riqueza natural y cultural, fundó en 1976 la revista *México Desconocido*, de la cual fue editor y director hasta 1981. Murió el 25 de febrero de 2009, a los 84 años.

«El yiddish, una lengua pórtatil»
Max Shein
Es médico pediatra, pertenece a la Asociación Mexicana de Pediatría y preside varias organizaciones médicas. Su apellido significa «bello o bonito». Habla yiddish desde pequeño, y es el indicado para hablarnos de esa lengua.

«Amo' a deharno' de protocolo»

Arturo Pérez-Reverte

Arturo Pérez-Reverte nació en Cartagena, España. Fue reportero de guerra durante más de 20 años y hoy en día se dedica exclusivamente a la literatura. Es un encarnizado defensor de la lengua y un exitoso novelista —*El club Dumas*, *La Reina del Sur* y *El capitán Alatriste* son algunos de sus libros más vendidos—. Desde 1991 escribe una columna de opinión en *El Semanal*, en España, que es una de las mas leídas de la prensa española, y para *Milenio*, en México.

«¿Es usted el Santo Fantasma?»

Javier Marías

Javier Marías ganó sus «primeros centavos» traduciendo guiones sobre Drácula para su tío, el director de cine Jesús Franco. Pero no sólo eso, tiene una especialidad en filología inglesa y vivió varios años en Oxford, donde impartió clases de literatura española y teoría de la traducción. Además, ha traducido al español a escritores de habla inglesa como Thomas Hardy, Stevenson, Conrad, Yeats, Burgess, Auden y Salinger, entre otros. Y, más aún, siempre que ha encontrado la frase nominal *Holy Ghost* la ha traducido como «Espíritu Santo».

Créditos de las ilustraciones

Copyright free: 17, 23, 29, 43, 73, 79, 97, 98, 99, 100, 101, 102, 103, 104, 105, 106, 143, 144, 145, 146, 147, 148, 149, 150, 151, 152, 153, 161, 173.

Sergio Neri: 55, 167, 177.

Chryso: 63.

F. A. Strauss: 67.

Casimiro Castro y Juan Campillo, *Trajes mexicanos:* 85.

Dante Escalante: 91.

José Luis Azuceno: 109, 110, 111, 112, 113.

Lucero Vázquez: 115.

Arcadio Acevedo: 121.

Soid Pastrana: 129.

Elmer Sosa: 137.

Puntada de bordado de los Altos de Chiapas: 155.

*NOTA: hicimos el mayor esfuerzo para rastrear todos los créditos y titulares de derechos de autor y consignarlos en las obras presentadas. Los editores pedimos disculpas por cualquier error u omisión involuntaria.

Contenido

Colección Algarabía

Títulos publicados

I El libro de las palabrotas
II Está en chino
III Pago por ver ...y por oír
IV De lengua me como un plato
V De chile, de dulce y de manteca
VI El libro de los datos inútiles
VII La ciencia platicadita
VIII Vida y milagros de...
IX El libro de todo, como en botica I
X El libro de las causas y los azares
XI El libro de todo, como en botica II
XII El libro de todo, como en botica III
XIII El libro de todo, como en botica IV
XIV Con la palabra en la boca
XV El libro de las palabras de antaño
XVI Diccionario de anécdotas: de boca en boca
XVII De escritores, poetas y locos...
XVIII Probaditas literarias
XIX Chicos malos: villanos, monstruos y almas perdidas
XX A través del tiempo. La historia año por año
XXI Ciencia, arte y sociedad. Año por año
XXII Chicas malas: reinas, locas y otras cosas peligrosas

Título por publicar

XXIV La ciencia platicadita II

Colofón

Este libro fue impreso y terminado en la ciudad de México
en el mes de febrero de 2011, en Encuadernaciones Maguntis.
Se formó con los tipos Berkeley book 11/16 y Fairplex 18/24 y 48/48.
Formación: Nayeli Alejandra Espinosa.
Corrección: Isaura Leonardo.